Matthias Bär

# Goa und Trance - hedonistische Spaßbewegung oder Jugendreligion?

D1667005

Matthias Bär

# Goa und Trance - hedonistische Spaßbewegung oder Jugendreligion?

Eine Untersuchung zur religiösen Dimension der Psy-Trance-Szene

VDM Verlag Dr. Müller

# Impressum

Bibliografische Information der Deutschen Nationalbibliothek: Die Deutsche Nationalbibliothek verzeichnet diese Publikation in der Deutschen Nationalbibliografie; detaillierte bibliografische Daten sind im Internet über http://dnb.d-nb.de abrufbar.

Coverbild: www.purestockx.com

Erscheinungsjahr: 2008
Erscheinungsort: Saarbrücken

Verlag:
VDM Verlag Dr. Müller Aktiengesellschaft & Co. KG, Dudweiler Landstr. 125 a, 66123 Saarbrücken, Deutschland,
Telefon +49 681 9100-698, Telefax +49 681 9100-988,
Email: info@vdm-verlag.de

Herstellung in Deutschland:
Schaltungsdienst Lange o.H.G., Zehrensdorfer Str. 11, D-12277 Berlin
Books on Demand GmbH, Gutenbergring 53, D-22848 Norderstedt

ISBN: 978-3-8364-6930-2

# Inhaltsverzeichnis

# 1 Einleitung

1989 fand im Berliner Tiergarten die erste Love-Parade statt. Sie war als ordentliche Demonstration angemeldet und zählte lediglich 150 Teilnehmer. Das Motto: Friede, Freude, Eierkuchen. Acht Jahre später waren es über eine Million Menschen, die sich unter einem ähnlichen Motto auf der Straße des 17. Juni versammelten. Techno war zu diesem Zeitpunkt zu einem Massenphänomen geworden und die Love-Parade das von der Öffentlichkeit am meisten wahrgenommene Phänomen der Bewegung. Als politische Demonstration wurde sie bekanntlich nie ernst genommen und das wollte sie auch gar nicht. Denn das eigentliche Ziel war es, gemeinsam zu feiern und Spaß zu haben, bzw. „Fun" wie es im Jugendjargon heißt. Wäre der Name Fun-Parade demnach treffender gewesen? Nun macht es wenig Sinn, der Love-Parade nach ihrem Ende einen neuen Namen zu geben. Interessant ist dagegen, dass der Theologe Arthur Thömmes in seinem Artikel „Love is the message"[1] in der Bewegung Techno einen weiteren Aspekt entdeckte und sie als die neue Wochenendreligion der Jugend bezeichnete. Würde es also eher Sinn machen, die Love-Parade unter Beibehaltung ihres Namens nach ihrem Tod heilig zu sprechen?

Ist es möglich, eine Bewegung, die sich Spaß als oberstes Ziel auf ihre Fahnen geschrieben hat, als Religion bzw. religiös zu bezeichnen? Diese Frage soll zentraler Gegenstand dieser Arbeit sein und kulturwissenschaftlich erörtert werden. Die Love-Parade scheint sich, abgesehen davon dass sie aller Wahrscheinlichkeit nach nicht mehr existiert, hierfür als Untersuchungsgegenstand jedoch wenig zu eignen. Techno ist, wenngleich als Massenphänomen bezeichnet, mittlerweile in so viele Sub-Genres ausdifferenziert, dass man kaum noch von einer einheitlichen Bewegung sprechen kann. Viele Fans elektronischer Musik distanzieren sich deswegen von diesem Begriff, ebenso wie von der Love-Parade, die als rein kommerzielle Veranstaltung des Mainstream

---

[1] Arthur Thömmes: Love is the message. Techno - die neue Wochenendreligion der Jugend. In: Verband Katholischer Religionslehrer an Berufsbildenden Schulen (Hg.): Religionspädagogik an berufsbildenden Schulen, Jahrgang 1996, Heft 1, München 1996, S. 8-10.

gilt. In dieser Arbeit wird daher eines der Sub-Genres von Techno untersucht: Goa und Trance, eine spezielle Stilrichtung elektronischer Musik und die dazugehörende Szene, die heute vorwiegend unter dem Begriff Psy-Trance bzw. Psychedelic Trance zusammengefasst wird. Anhand dieses konkreten Beispiels soll der Frage nachgegangen werden, inwiefern man eine Jugendszene, die sich in erster Linie dazu trifft, um gemeinsam Spaß zu haben, als religiös bezeichnen kann. Hierfür müssen einige zentrale Fragen geklärt werden.

Zunächst soll die Psy-Trance-Bewegung näher beschrieben werden, um einen Einblick in die einzelnen Aspekte und Besonderheiten der Szene zu erlangen. Hierbei wurde die aktuelle soziologische Literatur zum Thema herangezogen. Des Weiteren habe ich die entsprechenden Kommunikationsmedien der Szene studiert und als teilnehmender Beobachter einige Club-Veranstaltungen in Berlin besucht. Im zweiten Teil der Arbeit wird die Szene in einen kulturwissenschaftlichen Kontext gestellt und als gesellschaftliche Erscheinung betrachtet. Als theoretischer Hintergrund wurde hierfür Gerhard Schulzes Modell der Erlebnisgesellschaft herangezogen.

Danach wird im dritten Teil der für diese Arbeit besonders wichtigen Frage nachgegangen, wie sich Religion definieren lässt, bzw. nach welchen Kriterien man vorgehen kann, um eine Bewegung auf ihren religiösen Gehalt hin zu untersuchen. Hierfür werden zwei Modelle vorgestellt, die sich beide mit religiösen Phänomenen und deren Funktion in unserer Gesellschaft beschäftigen.
Hierbei handelt es sich um Paul Tilichs Religionsphilosophie des Unbedingten und Franz-Xaver Kaufmanns Modell der funktionalen Mehrdimensionalität von Religion. Der vierte Teil dieser Arbeit fasst zusammen, wie sich Religiosität in der modernen Gesellschaft darstellt. Hierbei sollen vor allem die Besonderheiten moderner Religiosität hervorgehoben werden. Auch hierfür erweist sich unter anderem das Modell der Erlebnisgesellschaft als hilfreich.

Unter Berücksichtigung der gewonnenen Erkenntnisse wird dann im letzten Teil die Psy-Trance-Szene auf ihren religiösen Gehalt hin untersucht. Besonderes Augenmerk liegt hierbei auf drei zentralen Elementen der Bewegung: Musik, Tanz und Ekstase.

# 2 Goa, Trance, Psy-Trance

## 2.1 Stilistik und Geschichte

### 2.1.1 Trance

Trance gilt als eines der erfolgreichsten Sub-Genres des Techno. Stil-
führend waren hierbei Anfang der 90er der berühmte DJ Sven Väth und
seine damalige Frankfurter Plattenfirma „Eye Q". Die Musik zeichnet
sich vor allem durch ihren melodischen Charakter und durch wiederkeh-
rende Sequenzen sphärischer Klänge aus.[2] Das Wort Trance bedeutet
aus dem Lateinischen übersetzt: „das >Hinübertreten< in einen vom
>Normalen< abweichenden anderen Zustand des Bewusstseins."[3] Es
gilt zu unterscheiden zwischen der Stilrichtung Trance und dem Begriff
Trance aus der Psychologie, auf den in dieser Arbeit an anderer Stelle
näher eingegangen wird.[4] Dennoch ist der Zusammenhang offensichtlich: Der Ausdruck Trance als Stilrichtung wird verwendet als eine
„elektronisch produzierte Musik, die Tanzende mit *weichen* Klängen
und dennoch schnellen Rhythmen in einen extrem entspannten, nahezu
schon als hypnotisch zu bezeichnenden Zustand versetzen soll."[5] Auch
DJ Dag, einer der Ersten, der diese Musik in der Diskothek „Dorian
Gray" in Frankfurt aufzulegen begann, betont diesen Zusammenhang in
einem Interview mit dem Stomp Magazin: „Trance bedeutet, durch mo-
notone Drums und Sounds in einen Rausch zu verfallen. Das habe ich
schon vor Jahren von meinen Freunden, den Indianern, gelernt."[6] Während der Rhythmus zu Beginn noch eine zentrale Funktion innehatte,
traten mit der Zeit mehr und mehr die für den Trance typischen „schwebenden Klänge" in den Vordergrund:

„Zu Beginn der Trance-Ära lag die Betonung auf den Rhythmusarran-
gements, die als Garant für den angestrebten Zustand [der Trance]
dienten. Im weiteren Verlauf gewannen Synthesizerflächen und einfa-

---

[2] Vgl. Erik Meyer: Die Techno-Szene. Ein jugendkulturelles Phänomen aus sozialwissenschaftlicher Perspektive, Opladen 2000, S. 58.
[3] Sven Schäfer; Jesper Schäfers; Dirk Waltmann (Hg.): Techno-Lexikon. Berlin 1998,
S.19.
[4] Vgl. Kap. 6.1.3
[5] Barbara Volkwein: What's Techno? Geschichte, Diskurse und musikalische Gestalt
elektronischer Unterhaltungsmusik. Osnabrück 2003, S. 28.
[6] Stomp, März 1992, zitiert nach. Feige, Marcel: Deep in Techno. Die ganze
Geschichte des Movements, Berlin 2000, S. 104.

che Melodien zunehmend an Wichtigkeit und drängten den Rhythmus zurück. Diese Eigenschaften gelten heute noch als <Trance-typisch>".[7]

Typisch sind auch Klänge, die der Natur entnommen sind wie Meeresrauschen, Wal- oder Delphingesänge, Palmenrauschen, etc. Dadurch weist die Musik oft Ähnlichkeiten mit der des New Age auf und lässt sich von schnelleren und rhythmusbetonteren Stilrichtungen des Techno, wie beispielsweise dem Gabber oder dem Hardcore, abgrenzen. Stücke wie „No Fate" von Zyon, "Age Of Love" von Age of Love, "Solid Session" von Format sowie das Album „Stellar Supreme" von Cosmic Baby waren Vorreiter dieser Bewegung.[8]

## 2.1.2 Entstehung und Geschichte

Der Begriff Trance als Subgenre des Techno wurde als solcher zunächst von den Printmedien geprägt und nur zögerlich und widerwillig von der Szene übernommen.[9] Die Musik ist als Antwort auf ein Bedürfnis nach mehr Langsamkeit und Harmonie in der elektronischen Musik, hervorgerufen durch eine immer schneller und aggressiver werdende Tanz-Kultur, entstanden. Eine ganze Reihe von Techno-Fans die mit der „>immer schneller, immer härter< - Entwicklung" nicht mehr zufrieden waren, wandten sich damals ab und begannen nach etwas Neuem zu suchen[10] So entstand die oben beschriebene Musikrichtung Trance.

Die Entstehung des Trance war eine typisch deutsche Entwicklung und kann auch als Abnabelung von der harten Techno-Musik aus Amerika verstanden werden.[11] Viele sahen in der Entwicklung aber auch eine Rückkehr zu klassischen Musikstrukturen der Disco-Musik der 80er.
In der Tat wiesen einige der damaligen Trance-Stücke Ähnlichkeiten mit der Popmusik auf. Andere bezeichneten die Musik auch aufgrund ihrer

---

[7] Bertram Hinz: Der Techno und seine stilistischen Ausprägungen. Unveröffentlichte Magisterarbeit, Gießen 1997, S. 83. Zitiert nach: Volkwein, Barbara: What's Techno? a.a.O., S. 173.
[8] Vgl. Marcel Feige: Deep in Techno. Die ganze Geschichte des Movements, Berlin 2000, S. 104.
[9] Vgl. Barbara Volkwein: What's Techno? a.a.O., S. 28.
[10] Vgl. Thomas Koch: Trance. In: Anz, Phillip/ Walder, Patrick (Hg.): Techno, Zürich 1995, S. 102.
[11] Vgl. Marcel Feige: Deep in Techno. a.a.O., S. 106.

psychedelischen Elemente als das „Pink Floyd der 90er Jahre".[12] Aufgrund ihrer, im Gegensatz zu anderen härteren Techno-Stilen, höheren Massentauglichkeit eroberte die Stilrichtung Trance so bald den Mainstream, bzw. wurde von diesem aufgesogen. Trance war bald überall zu hören, und es kam zu einer zwangsläufigen Übersättigung.[13] Der Underground[14] wendete sich daher von dieser Stilrichtung ab, die Bezeichnung „Trance" wurde zum Schimpfwort. Die Bezeichnung Trance verschwand so zunächst aufgrund ihrer Kommerzialisierung und der damit verbundenen „discomäßigen Aufbereitung" der Musik. Dennoch existieren noch heute Musikformen mit den entsprechenden prägenden musikalischen Elementen. Sie tauchen jedoch unter anderen Namen auf, wie beispielsweise Psy-Trance oder Progressive-Trance. Die verschiedene neuen Sub-Genres werden in der Szene teilweise nach wie vor unter dem Begriff Trance zusammengefasst.

### 2.1.3 Goa

Goa und Trance sind eng miteinander verwandt, und die Stile lassen sich nur schwer voneinander trennen. Der Begriff Goa nimmt zunächst weniger Bezug auf eine spezielle Musikrichtung als auf die Veranstaltung in Form von Open-Air-Events. Das Techno-Lexikon beschreibt die Musik, die dort gespielt wird, als „eine Mischung aus Acid-Trance-ähnlichen[15] Klangcollagen, asiatischer Klangästhetik und tribaligen[16] Percussionseinlagen."[17] Auch Goa nimmt Bezug auf die Möglichkeit, Bewusstseinszustände durch Musik, teilweise unter Zuhilfenahme von Drogen, zu verändern, bzw. zu „erweitern".

---

[12] Marcel Feige: Deep in Techno. a.a.O., S. 107.
[13] Vgl. Marcel Feige: Deep in Techno. a.a.O., S. 121.
[14] Als Underground (Untergrund) werden (Jugend-) Bewegungen bezeichnet, die sich bewusst von den (kommerziellen) Massen (engl. mainstream) abzugrenzen versuchen. Oft werden Moden und Stile dieser Bewegungen vom Markt entdeckt, entsprechend bedient, entwickeln sich zu Trends und werden so zum neuen mainstream. Es kommt dann zu einer erneuten Abgrenzung des Undergrounds beispielsweise durch das Aufgreifen neuer Stilelemente.
[15] Acid-Trance ist ein spezielles Genre des Trance, das seinen Ursprung in Großbritannien hat.
[16] Tribal ist ein weiterer Techno-Stil, dessen besonderes Merkmal das Aufgreifen traditioneller Trommelrhythmen v.a. aus Afrika ist.
[17] Sven Schäfer; Jesper Schäfers; Dirk Waltmann (Hg.): Techno-Lexikon. a.a.O., S. 157.

Der Name Goa stammt von der gleichnamigen indischen Küstenregion ab, in der schon in den 60er Jahren die ersten Hippies ihre Strandfeste feierten. Seit Anfang der Neunziger hat sich, angeführt durch den bekannten DJ Sven Väth, auf Goa eine neue Party-Szene entwickelt. Nächtliche Partys am Strand zu mystischer Musik, Verbundenheit mit der Natur und ein reger Drogenkonsum sind die bekanntesten Merkmale dieser Bewegung. Nachdem die Partykultur in Indien unter dem Druck der Behörden sehr reduziert wurde, fand die Bewegung ihre Fortsetzung in Israel, England und Deutschland. Selbst heute noch finden Goa-Partys auch in Deutschland traditionell im Freien statt. Die großen Open-Air-Festivals wie das VOOV-Festival in Norddeutschland werden von der übrigen Technoszene kaum beachtet.

Besonders aktiv ist die Goa-Szene im Ruhrgebiet, in Hamburg sowie im Sauerland. Diese Orte bilden sozusagen den Kern der deutschen Goa-Community. Das Gefühl von Gemeinschaft, welches in der Anonymität vieler anderer Technoszenen häufig untergeht, ist ein zentrales Element der Goa-Szene. Häufig wird auch der eingedeutschte englische Begriff „Family" verwendet. Die von der frühen Techno-Bewegung proklamierten Ideale „Love, Peace and Unity" kommen in dieser Bewegung besonders zum Ausdruck.[18] Viele sehen auch in der Goa-Bewegung Parallelen zur Hippie-Mentalität der 70er. So bezeichnet Marcel Feige Goa-Hörer beispielsweise als „Neo-Hippies, die sich der Elektronik nicht verschließen, aber auf stoischen Massenwahn keinen Bock haben," und ihre Partys als „sphärisch und abgehoben, Morgensound zum Sonnenaufgang."[19] Wertvorstellungen wie „Familiengefühl", die „Rückbesinnung auf Tribes", der „spirituelle Zusammenhalt", gelten, verglichen mit anderen Szenen, als noch am häufigsten vorhanden.[20] Ende 1996 findet die Bewegung kurzfristig einen besonders intensiven Zulauf, der aber bald wieder abebbt.[21]

---

[18] Vgl. Sven Schäfer; Jesper Schäfers; Dirk Waltmann (Hg.): Techno-Lexikon. a.a.O., S. 21.
[19] Marcel Feige: Deep in Techno. a.a.O., S. 272.
[20] Vgl. Sven Schäfer; Jesper Schäfers; Dirk Waltmann (Hg.): Techno-Lexikon. a.a.O., S. 23.
[21] Vgl. Marcel Feige: Deep in Techno. a.a.O., S. 272.

### 2.1.4 Psy-Trance, Psychedelic-Trance

Auch der Begriff Goa hat wie Trance aufgrund wachsender Popularität eine gewisse Trivialisierung erfahren. Heute trifft sich die Gemeinschaft häufiger unter dem Namen „Psychedelic Trance", kurz „Psy-Trance". Die Begriffe Goa und Psy-Trance werden dennoch fast deckungsgleich verwendet. Der Begriff Psy-Trance gilt aber als unverfänglicher, da er sich nicht mehr begrifflich an den lokalen Ursprungsort Goa bindet. Die Musik ist nicht mehr zwangsläufig auf indische bzw. fernöstliche Elemente angewiesen. Daher lässt sich musikalisch ein weiteres Feld unter diesem Begriff subsumieren. Teilweise wird die Musik von der des Goa dadurch unterschieden, dass sie, statt der indischen, vermehrt Elemente des Psychedelic Rock der 70er Jahre aufgreift und die Melodie mehr in den Vordergrund stellt.[22] Die großen Partys im Freien werden aber nach wie vor meist noch als Goa-Partys bezeichnet. Das Techno-Lexikon geht dennoch von einer Evolution der Begriffe und Stile von Trance über Goa-Trance zu Psy-Trance aus.[23] Entscheidend war laut Techno-Lexikon das Jahr 1997, als es zu einer grenzüberschreitenden Öffnung kam. Man kam zu der Einsicht, dass eine reine Abkapselung, nur um im Untergrund zu verweilen und den elitären Anspruch zu wahren, ebenso wie uneingeschränkte Vermarktung in eine Sackgasse führen, da neue Impulse ausbleiben.[24]

### 2.2 Die Szene heute

Die bisherigen Ausführungen haben gezeigt, dass eine Trennung der Begriffe, Goa, Trance und Psy-Trance in einzelnen Fällen zwar durchaus möglich ist, eine eindeutige Abgrenzung ist jedoch schwierig. Heute gibt es zum Beispiel viele Menschen, die sich als Psy-Trance-Fans bezeichnen, den Begriff Goa jedoch strikt ablehnen. Andere dagegen identifizieren sich mit beiden Begriffen und trennen diese auch nicht. Manche lehnen den Begriff Trance an sich als zu unbestimmt ab oder verbinden mit ihm nach wie vor eine kommerzialisierte Spielart des

---

[22] Vgl. Christian Kemper: mapping techno. Jugendliche Mentalität der 90er, Frankfurt am Main 2004, S. 64.

[23] Vgl. Sven Schäfer; Jesper Schäfers; Dirk Waltmann (Hg.): Techno-Lexikon. a.a.O., S. 326.

[24] Vgl. Sven Schäfer; Jesper Schäfers; Dirk Waltmann (Hg.): Techno-Lexikon. a.a.O., S. 23.

Techno. Andere akzeptieren ihn als Überbegriff für eine Reihe Sub-Genres. In dieser Arbeit wird im Folgenden mehr Wert auf die Gemeinsamkeiten wie sphärische, melodiöse, teilweise sehr psychedelische, elektronische Musik gelegt und die Tatsache, dass es sich trotz aller möglichen Diversifizierungen bei Goa, Trance und Psy-Trance um eine mehr oder weniger einheitliche Szene zu handeln scheint, die Gegenstand dieser Arbeit sein soll. Die folgenden Ausführungen werden dies noch weiter verdeutlichen. Im Folgenden wird überwiegend der Begriff Psy-Trance verwendet werden, weil er der modernere zu sein scheint und sowohl auf Flyern als auch in Anzeigen häufiger verwendet wird.

Die Psy-Trance-Bewegung lässt sich auf mehreren Ebenen beschreiben. Zunächst handelt es sich hierbei um ein internationales Phänomen. Es existiert eine ausgeprägte Vernetzung der Akteure über das Internet und eine rege überregionale und globale Zusammenarbeit. Große Goa-Festivals finden mittlerweile an den verschiedensten Orten auf dem Globus statt. Die großen Mega-Events werden oft sehr aufwändig organisiert und gehen immer über mehrere Tage, oft über eine ganze Woche, wie beispielsweise das Camp Desertview in Marokko[25], das vom 29. Dezember 2004 bis zum 4. Januar 2005 in der Sahara stattfand. Es erfolgt auch ein „massiver Transfer von Interpreten, Stücken und Innovationen unter anderem zwischen Australien, Deutschland, England, Frankreich, Israel und den Vereinigten Staaten."[26] Daneben trifft sich die Szene von Deutschland und den anliegenden Ländern zu den großen Open-Air-Festivals, die zum größten Teil im Norden von Deutschland stattfinden. Zum Schluss gibt es des Weiteren viele kleine lokale Communities, in denen es wesentlich familiärer zugeht.

### 2.2.1 Der Club als lokaler Treffpunkt

Auf lokaler Ebene trifft sich die Szene in speziellen Clubs oder auf regionalen Partys. Im Gegensatz zur großen Goa-Party kann man den Club als eine institutionalisierte Form des Treffs bezeichnen. Auch hier be-

---

[25] Vgl. mushroom magazin, #117, märz 05, S. 26.
[26] Vgl. Christian Kemper: mapping techno. a.a.O., S. 65.

steht die Möglichkeit zu tanzen. Der Club ist aber zusätzlich als Ort des regelmäßigen Treffens und „Abhängens" zu verstehen.[27] „Die Anwesenden sind meist vertraut mit der Situation und sehen sich als Teil eines komplexen Gebildes".[28] Die Partys in Clubs verlaufen nach einem ganz bestimmten Muster. Sie fangen zu einer bestimmten Zeit mit einer längeren Aufwärmphase an. Danach folgt eine Phase, in der sehr intensiv getanzt wird, die dann wiederum, meist in den frühen Morgenstunden, durch eine Entspannungsphase abgelöst wird, mit der die Party ausklingt.[29] Dieses Entspannen oder Abkühlen wird als Chill-Out bezeichnet. Als Chill-Out werden auch spezielle abgetrennte Bereiche des Clubs bezeichnet, in denen man sich während der Party entspannen kann und in denen auch oft andere, ruhigere Musik ohne Beat gespielt wird. Diese dienen auch als Bereiche der Kommunikation.

### 2.2.2 Die Berliner Clubszene

In Berlin gibt es momentan zwei Orte an denen sich die Szene regelmäßig trifft. Zum einen existiert seit längerem die „beliebte Familylocation"[30] das „Ministerium für Entspannung" am Ostkreuz. Im Jahr 2004 hat nun zusätzlich der „Pi Club" eröffnet, der sofort mit vielen internationalen Acts und DJ's auf sich aufmerksam gemacht hat.[31] Seither hat Berlin zum ersten Mal zwei feste „Trancelocations". Laut DJ Gandalf halten sich die meisten Berliner Psy-Trance-Fans von den großen Goa-Partys eher fern.[32] Neben den beiden festen Einrichtungen Ministerium für Entspannung und Pi-Club werden in Berlin regelmäßig Trance-Partys an den unterschiedlichsten Orten organisiert.

### 2.3 Eigenschaften und Charakteristika der Szenen

### 2.3.1 Die Rolle des DJ's

Eine der größten Neuerungen, die die Tanz-Kultur der 90er Jahre mit sich gebracht hat, ist die herausragende Bedeutung des Discjockeys (DJ). In der klassischen Rock- und Popmusik waren die Künstler die

---

[27] Vgl. Barbara Volkwein: What's Techno? a.a.O., S. 28.
[28] Ebd.
[29] Ebd.
[30] Vgl. Interview mit Ghrille, in: mushroom magazin, #115, jan 05, S.12.
[31] Ebd.
[32] Vgl. Interview mit DJ Gandalf, in: mushroom magazin, #115, jan 05, S.13.

Helden und Idole der Jugendlichen. Der DJ war lediglich dazu da, die beliebten Stücke in einer Diskothek aufzulegen. In der elektronischen Musik treten die Produzenten der Musik in den Hintergrund und verschwinden oft ganz in der Anonymität: „there's little brand loyalty to artists, and DJ's are more of a focal point for fans than the faceless, anonymous producers,"[33] bemerkt Simon Reynolds in seiner Beschreibung des Übergangs der Disco-Bewegung der 80er in die Club-Kultur der 90er. Für ihn ist diese Tatsache ein zentraler Punkt, um das Lebensgefühl dieser neuen Bewegung zu verstehen.

„There was a liberating joy in surrendering to the radical anonymity of the music, in not caring about the names of the tracks or artists. The ‚meaning' of the music pertained to the macro level of the entire culture, and it was much larger than the sum of its parts."[34]

Die einzelnen Stücke sind nicht mehr bereits aus den Charts bekannt. Die Musik wird im Club oder auf der Party vom DJ aus vielen einzelnen Fragmenten zusammengemischt und im „Hier und Jetzt" erlebt. Der DJ schlüpft in die Rolle des Stars. Er wird zum Künstler, zur Kultfigur oder, wie Arthur Thömmes behauptet, zum Priester einer Wochenendreligion.[35] Dadurch herrscht im Club oder auf der Party immer eine „Live-Situation". Auch im Trance-Bereich ist das nicht anders. Natürlich erscheint auch hier eine Vielzahl von CD's, die als fertige Alben zusammengemischt wurden und oft sehr populär sind. Diese „Musik für den Hausgebrauch" ist aber von der, die im Club gespielt wird, als getrennt und als eigene unabhängige Einheit zu verstehen.[36]

### 2.3.2 Flyer

Der Flyer ist eines der wichtigsten Kommunikationsmedien in der Psy-Trance-Szene. Hierbei handelt es sich um Druckstücke, die ähnlich wie Flugblätter die einzelnen Events ankündigen. Ihre Bedeutung entstammt der Vergangenheit des Techno, als vor allem in Großbritannien die illegalen Veranstaltungen ausschließlich über Mundpropaganda und

---

[33] Simon Reynolds: Generation ecstasy. Into the world of techno and rave culture, Boston 1998, S. 4.
[34] Simon Reynolds: Generation ecstasy. a.a.O., S.4.
[35] Vgl. Arthur Thömmes: Love is the message. S. 8.
[36] Vgl. Simon Reynolds: Generation ecstasy. a.a.O., S.8.

eben über Flyer angekündigt wurden.[37] Auch heute findet man Goa- oder Psy-Trance-Veranstaltungen nicht in den allgemeinen Stadtmagazinen angekündigt, und so könnte man sagen, dass auch heute noch der Flyer als „Instrument zur Selektion des Publikums"[38] dient. Die Flyer liegen regelmäßig an den Veranstaltungen aus. Besucht man also eine Party beispielsweise in einem Club, kann man sich an einem eigens dafür eingerichteten Tisch mit diversen Flyern bedienen, welche die nächsten Veranstaltungen ankündigen. Weiter liegen die Flyer in Plattenläden, Headshops und anderen Orten aus, die von der Szene regelmäßig frequentiert werden. Wer also an den besagten Orten nicht ein und aus geht und keinen Kontakt zu anderen Szenemitgliedern unterhält, hat keine Möglichkeit, von den einzelnen Events zu erfahren.

Aus den Flyern kann man Ort und Zeitpunkt der jeweiligen Veranstaltung entnehmen und erhält zudem Informationen über die Art der Veranstaltung durch Nennung der Genres und der DJ's. Durch die rasante Entwicklung der digitalen Technik haben sich die Flyer von relativ einfachen Kopien, wie sie schon zu Zeiten der Punk-Bewegung in den 80er Jahren bekannt waren, zu regelrechten digitalen Kunstwerken entwickelt. Der Text ist meist sehr knapp gehalten. Aufmerksamkeit erregen die Flyer durch ihre bunte Gestaltung. Häufige Motive der Psy-Trance-Szene sind u.a. Fraktale[39], Weltraumbilder, Bilder von mystischen Orten wie Stonehenge, indische Gottheiten und Magic Mushrooms[40] in allen Varianten. Die Motive werden von Malern und Grafikern entworfen, die sich oft auf diese Form der „psychedelischen Kunst" spezialisiert haben.[41]

---

[37] Erik Meyer: Die Techno-Szene. Ein jugendkulturelles Phänomen aus sozialwissenschaftlicher Perspektive, Opladen 2000, S. 93.
[38] Vgl. Erik Meyer: Die Techno-Szene. a.a.O., S. 94.
[39] Effekte, die durch digitale Bildbearbeitung entstehen
[40] Pilze, die psychotrope Substanzen enthalten, vgl. Kap. 2.3.8
[41] Vgl. mushroom magazin, #117, märz 05, S. 18-19.

*Abbildung 1: Vorder- und Rückseite eines Psy-Trance-Flyers*

### 2.3.3 Fanzines

„Fan Magazines", kurz „Fanzines" genannt, sind ein weiteres wichtiges Kommunikationsmedium in der Szene. Hierbei handelt es sich um Musikzeitschriften mit relativ geringer Auflage und ohne die Absicht auf Gewinnerzielung, die neben Musikbeiträgen wie z.B. Interviews mit Musikern und Vorstellung von Platten und Labels auch Informationen über die Szene liefern. Daneben veröffentlichen sie teilweise in geringer Zahl weitere Themen aus Bereichen wie Politik und Kultur.[42] Ein in der Technoszene sehr bekanntes Fanzine ist beispielsweise das Groove, das sich mit Beiträgen über elektronische Tanzmusik im Allgemeinen befasst.

### 2.3.4 Das Magazin mushroom

Für die Psy-Trance-Szene als Untersuchungsgegenstand ist das Szene-Magazin mushroom besonders interessant, da es sich ausschließlich auf den Bereich Goa und Psy-Trance spezialisiert hat. Es erscheint monatlich im DinA6 Format und einer Stärke von 60 bis 100 Seiten. In der Regel liegt es überall dort aus, wo auch Flyer platziert werden und kann zusammen mit diesen kostenlos mitgenommen wer-

---

[42] Vgl. Erik Meyer: Die Techno-Szene. a.a.O., S. 97.

den.[43] Das Design des Magazins ist dem der Flyer sehr ähnlich. Der Trance-Fan erhält hier u.a. Informationen über die neusten Musikver-öffentlichungen und Veranstaltungen. Des Weiteren werden Beiträge über vergangene Großevents überall auf der Welt veröffentlicht. Weitere Artikel befassen sich mit neuster Mischtechnik für Musik, politischen Themen wie der Kollektiv-Erfassung von Fingerabrücken und der Legalität bzw. Illegalität von Drogen[44] sowie mit der Anwendung von Drogen und was bei einem Notfall zu tun ist. Auffallend ist eine Vielzahl Werbung, die sich ebenfalls mit dem Thema Drogen befasst. Meist handelt es sich um Werbung von Headshops[45] oder dem Versand von Wasserpfeifen, Hanfsamen, Sporen diverser Magic Mushrooms sowie der nötigen Ausrüstung, um die beliebten Naturdrogen im eigenen Wohnzimmer zu züchten.

Beim Studium des mushroom wird deutlich, wie eng die Szene vernetzt ist. So kann beispielsweise über das Magazin die so genannte Trance-card bestellt werden, mit der man dann bundesweit zu einem großen Teil der Events vergünstigten Eintritt bekommt. Jede zweite Ausgabe erscheint zweisprachig in Deutsch und in Englisch, was den internationalen Charakter der Szene deutlich macht.

### 2.3.5 Ladenlokale

Unter Ladenlokalen versteht man spezielle Läden, in denen Tonträger der Szene erworben werden können. Im Gegensatz zum übrigen Tonträgerhandel wird hier Musik zum größten Teil noch in Form von Vinyl-Platten verkauft. Oft führen die entsprechenden Läden gleichzeitig auch die technische Ausrüstung für DJ's. Daneben erhält man hier gelegentlich auch in kleiner Stückzahl die passende Kleidung für die Szene (clubwear). Die Ladenlokale werden jedoch nicht nur für den Kauf von Tonträgern und anderen Konsumgütern besucht. Sie sind auch ein wichtiger Ort, um sich einen Überblick über die neusten Veröffentlichungen und diverse Veranstaltungen zu verschaffen. Es gibt die Mög-

---

[43] Die Finanzierung erfolgt überwiegend über Werbung.
[44] Da ein Großteil der Szene sich durch den Drogenkonsum immer am Rande der Legalität bewegt, sind diese Themen besonders gefragt.
[45] Siehe Kap. 2.3.8 Drogen

lichkeit, Musik über Kopfhörer zu hören, und es herrscht ein intensiver Austausch über interne Informationen. Diesem wird oft durch die Einrichtung von Sitzgelegenheiten und dem Ausschank von Getränken Rechnung getragen. Die Ladenlokale sind daher durchaus als soziale Orte zu verstehen und können als „integraler Bestandteil der Freizeitgestaltung" angesehen werden.[46] Speziell von der Psy-Trance-Szene werden auch Headshops und Hanfläden regelmäßig besucht. Daher liegen auch hier meist das mushroom und die Flyer der Szene aus.

## 2.3.6 Die Deko

Der Dekoration (Deko) kommt in der Psy-Trance-Szene und auf Goa-Partys eine besondere Bedeutung zu. Anders als bei vielen anderen Techno-Veranstaltungen, die oft in kahlen Kellergewölben stattfinden und bei denen hauptsächlich die Lichteffekte entscheidend sind, werden Psy-Trance-Partys gerne bunt eingerichtet. Dies lässt sich auf vielen Bildern des Magazins mushroom sehen. Auf den Flyern sind die Personen, die für die Einrichtung zuständig sind namentlich genannt. Der Phantasie sind bei der Deko keine Grenzen gesetzt. Verwendet werden Tücher, Wandbilder und Plastiken. Die Motive sind die gleichen wie auf Flyern und Kleidung: indische Götter wie Shiva oder Ganesch, Fabelwesen, Phantasielandschaften, Weltraumbilder, Batikmotive, Fraktale, Magic Mushrooms, etc. Gerne wird die Deko zusätzlich durch die Bestrahlung mit Schwarzlicht hervorgehoben. Beim Betreten einer Goa-Party wird so der Eintritt in eine andere Welt suggeriert.

## 2.3.7 Goa-Trance-Mode

Die Goa-Trance-Bewegung besitzt eine eigene Mode, die zu 80 Prozent auf der indonesischen Insel Bali kreiert und hergestellt wird.[47] Bekannte und global agierende Fashionlabels sind beispielsweise Psylo, Space Tribe und Shaman. Die Mode ist sehr eigenwillig und unterscheidet sich deutlich von der üblichen Club-Mode. Traditionell ist die Kleidung sehr bunt gestaltet, angelehnt an die Hippie-Mode der 70er Jahre. Batik und Schlaghosen sind feste Elemente dieser Kleidung. Es

---

[46] Vgl. Erik Meyer: Die Techno-Szene. a.a.O., S. 73.
[47] Vgl. mushroom magazin, #117, märz 05, S. 6.

lässt sich hier jedoch wie in jeder Mode ein stetiger Wandel beobachten.

„Batik und Full On Psychedelic ist auf dem Rückmarsch. Vor Jahren war die Trancemode viel ausgeflippter und hat sich sehr stark von normaler Mode unterschieden. Heute ist alles viel integrierter, teilweise schon nicht mehr zu unterscheiden von Clubfashion."[48]

Es wird auch wesentlich häufiger mit anderer Clubmode kombiniert, die mehr „sexy" ist als die psychedelische Trancemode, wie Ron Kleiner, Inhaber eines Münchner Szeneshops, berichtet.[49] Weiter kann man unterscheiden zwischen der Kleidung, die man ausschließlich auf einer Party anzieht, und derjenigen, die etwas weniger „ausgeflippt" und daher auch für den Alltagsgebrauch geeignet ist. Charakteristisch für die Trance-Mode sind neben den vielen Farben, Aufdrucke psychedelischer Kunst wie sie u.a. auch auf den Flyern[50] anzutreffen sind, indische Elemente, Aufdrucke von Magic Mushrooms[51] sowie Kostüme, die an Fabelwesen wie Elfen und Zwerge oder Magier erinnern.[52] Generell ist die Trancemode in fest ansässigen Läden oft schwer zu bekommen. Die Fans decken sich daher oft bei den großen Festivals ein, wo man die Kleidung an Ständen erwerben kann. Mehr und mehr bieten die einzelnen Labels auch den Versand über das Internet an. Neben der ausgefallenen Trance-Mode wird auf den Partys aber auch ganz gewöhnliche Alltagskleidung getragen.

## 2.3.8 Drogen

Wer sich mit der Untersuchung der Psy-Trance-Szene beschäftigt, kommt an dem Thema Drogen nicht vorbei. Über das Ausmaß des Drogenkonsums auf Techno-Partys im Allgemeinen gibt es unterschiedliche Aussagen. Studien belegen, dass auf Techno-Veranstaltungen eine ganze Reihe von Drogen konsumiert werden[53] von denen an dieser Stelle nur die wichtigsten genannt werden. Die bekannteste

---

[48] mushroom magazin, #117, märz 05, S. 7.
[49] Vgl. mushroom magazin, #117, märz 05, S. 8.
[50] Vgl. Kap. 2.3.2 Flyer
[51] Vgl. Kap. 2.3.8 Drogen
[52] Vgl. mushroom magazin, #117, märz 05, S. 6-9
[53] Vgl. Arthur Schroers: Zum Drogengebrauch im Techno-Party-Setting. Erkenntnisse der Drogenforschung und Ausblicke auf ein Drogeninformations- und Monitoring-Netzwerk, in: Hitzler, Ronald; Pfadenhauer, Michaela (Hg.): Techno-Soziologie. Erkundung einer Jugendkultur, Opladen 2001, S. 226.

Partydroge ist das Ecstasy[54]. Sie wird oft auch für die familiäre Stimmung auf den Events verantwortlich gemacht, wie auch Hans Cousto aus eigener Erfahrung berichtet:

„Ecstasy ist eine empathische Droge, fördert also die Bereitschaft und die Fähigkeit, sich in die Einstellung anderer Menschen einzufühlen. Bei einem gruppendynamischen Tanzritual ist Ecstasy somit das verbindende Glied zwischen den einzelnen TeilnehmernInnen an der Party. Wenn nun viele TeilnehmerInnen auf einem Rave[55] auf Ecstacy sind, dann ist die Veranstaltung zumeist sehr friedlich und ekstatisch, da das gegenseitige Einfühlungsvermögen auf große Resonanz stößt. Es entsteht so eine Art Party-Family-Geist."[56]

Speziell auf Goa-Partys wird häufig auch LSD konsumiert, was unter anderem die visuellen Sinneseindrücke verstärkt und Halluzinationen hervorruft.[57] Sehr beliebt sind auch die sogenannten Magic Mushrooms. Dies sind Pilze, deren Wirkstoff, das Psylozybin, bei Verzehr einen haluzinogenen Rausch verursacht, der dem des LSD sehr ähnlich ist, jedoch als deutlich schwächer beschrieben wird.[58] Vor allem in der Trance-Szene finden sich viele Anhänger dieser „relativ sanften Pilzdroge".[59] Nach den Magic Mushrooms ist auch das Szene-Magazin mushroom[60] benannt, was die Bedeutung der Pilze speziell innerhalb der Psy-Trance-Szene veranschaulicht. Der Gebrauch von LSD und Psylocybin als bewusstseinsverändernde Droge im nicht traditionellen Kontext geht bereits bis auf die Hippiezeit der 60er Jahre zurück.[61] Um die visuellen Effekte der Droge voll auszukosten, wird auf Goa-Partys besonders viel Wert auf die Dekoration gelegt.[62] Im Gegensatz zu den

---

[54] Ecstasy, auch Extasy oder XTC geschrieben, gehört zu der Gruppe der Amphetaminderivate und ist neben Speed und Kokain die am meisten verbreitete Partydroge. Es wirkt appetithemmend, steigert den Antrieb, hält wach und ist daher oft maßgeblich für die hohe Ausdauer auf den Partys verantwortlich. In der Regel wird E. in Tablettenform konsumiert.

[55] Bezeichnung für besonders große Partys, ab etwa 2000 Besucher, auf denen in der Regel mehrere DJ's spielen und die an den verschiedensten Orten (Locations) stattfinden können, wie z.B. Fabrikhallen oder auch im Freien.

[56] Hans Cousto: Vom Urkult zur Kultur. Drogen und Techno, Solothurn 1995, S. 33.

[57] Bernhard van Treeck: Partydrogen. Alles Wissenswerte zu Ecstasy, Speed, LSD, Cannabis, Kokain, Pilzen und Lachgas, Berlin 1997, S. 219.

[58] Vgl. Bernhard van Treeck: Partydrogen. a.a.O., S. 224.

[59] Bernhard van Treeck: Partydrogen. a.a.O., S. 222.

[60] Vgl. Kap. 2.3.4 Das Magazin mushroom

[61] Vgl. Patrick Walder, Günter Amendt: Ecstasy & Co. Alles über Partydrogen, Hamburg 1997, S. 142.

[62] Vgl. Gabriela Muri: Aufbruch ins Wunderland? Ethnographische Recherche in Züricher Technoszenen 1988-1998, Zürich 1999, S. 155.

eben genannten Drogen, die meist ausschließlich auf den Partys konsumiert werden, wird Cannabis oft auch außerhalb des Partyrahmens
als Alltagsdroge verwendet.[63] Innerhalb der Partys wird es meist in der
Gruppe relativ offen im Chill-Out-Bereich geraucht.[64]
Auch der Alkohol zählt zu den meist-konsumierten Drogen, wenngleich
er Aussagen zufolge in einigen Kreisen verpönt ist.

Es gibt keine Studien, die sich speziell auf den Drogenkonsum innerhalb der Psy-Trance-Szene beziehen. Es lässt sich nur vermuten, dass
auch hier in den meisten Fällen ein „Mischkonsum" vorhanden ist. Auffallend ist die Präsenz der Magic Mushrooms und des Cannabis in der

Kunst der Szenen sowie die umfangreiche
Werbung im Szene-Magazin mushroom.[65]
Der Besitz von getrockneten Pilzen oder
Cannabis ist in Deutschland illegal. Die Sa-
men, bzw. die Sporen können jedoch zu-
sammen mit weiteren Utensilien für den
Heimanbau in so genannten Headshops legal
erworben werden, welche häufig von den
Szene-Mitgliedern besucht werden.

*Abbildung 2: Werbung für Magic Mushrooms*

## 2.4 Zusammenfassung

In diesem Kapitel wurde die Entstehung der Psy-Trance-Bewegung
kurz zusammengefasst. Weiter wurden einige spezifische Merkmale
und Erscheinungsformen der Szene dargestellt, auf die im 6. Kapitel
zurückgegriffen werden wird. Einige Aspekte werden an anderer Stelle
zusätzlich vertieft. Im Folgenden geht es nun um die Definition einiger
Begriffe, die notwendig sind, um Psy-Trance im Spannungsfeld zwischen Hedonismus und Religiosität untersuchen zu können. Daher soll
im nächsten Kapitel auf den Begriff Hedonismus näher eingegangen
und dieser in einem gesellschaftlichen Kontext betrachtet werden.

---

[63] Vgl. Artur Schroers: Zum Drogengebrauch im Techno-Party-Setting. a.a.O., S. 226.
[64] Vgl. Artur Schroers: Zum Drogengebrauch im Techno-Party-Setting. a.a.O., S. 224.
[65] Vgl. Kap. 2.3.4 Das Magazin mushroom

Hierfür scheint sich Gerhard Schulzes kultursoziologische Theorie der Erlebnisgesellschaft zu eignen.

# 3 Erlebnisgesellschaft und Hedonismus

## 3.1 Die Erlebnisgesellschaft

Schulzes Theorie der Erlebnisgesellschaft geht zunächst davon aus, dass in unserer Wohlstands- und Freizeitgesellschaft ein grundlegender Wertewandel stattgefunden hat. In so genannten Knappheitsgesellschaften, wie es die bisherigen Agrar- und Industriegesellschaften waren, in denen die meiste Lebenszeit darauf verwendet werden muss, die menschlichen Grundbedürfnisse zu befriedigen, herrscht nach Schulze eine *Außenorientierung* vor.[66] Im Vordergrund steht die Sicherung der eigenen Existenz. Individuelle Wünsche und Neigungen spielen eine untergeordnete Rolle. Dies ändert sich jedoch durch die soziale Sicherheit, welche die Wohlstandsgesellschaft mit sich bringt.

Sobald neben der Sicherung der Lebensbedingungen ausreichend freie Zeit zur Verfügung bleibt, orientiert sich der Einzelne zunehmend auch auf das innere Erleben. Diese neue Lebenshaltung bezeichnet Schulze als *Innenorientierung*.

„Innenorientierte Lebensauffassungen, die das Subjekt selbst ins Zentrum des Denkens und Handelns stellen, haben außenorientierte Lebensauffassungen verdrängt. Typisch für Menschen unserer Kultur ist das Projekt des schönen Lebens."[67]

„Schön" ist in diesem Zusammenhang ein Sammelbegriff für Erlebnisse, die als positiv erlebt werden. Die äußere Form des Erlebnisses ist zunächst nicht entscheidend. Es kann sich hierbei um die unterschiedlichsten Aktivitäten handeln, vom Putzen der Wohnung, dem Reparieren des Autos bis zum Besuch eines großen Kulturevents.[68] Von Bedeutung ist zunächst ausschließlich die Qualität des inneren Erlebens. Diese wird zum Mittelpunkt des gesamten Lebens- und Wertemodells des Individuums. „Erlebnisansprüche wandern von der Peripherie ins Zentrum der persönlichen Werte; sie werden zum Maßstab über Wert und Unwert des Lebens schlechthin und definieren den Sinn

---

[66] Vgl. Gerhard Schulze: Die Erlebnis-Gesellschaft. Kultursoziologie der Gegenwart, Frankfurt am Main 2000, S. 37.
[67] Gerhard Schulze: Die Erlebnis-Gesellschaft. a.a.O., S.35.
[68] Vgl. Gerhard Schulze: Die Erlebnis-Gesellschaft. a.a.O., S.39.

des Lebens."[69] Erlebnis und Sinnfrage sind so eng miteinander verkoppelt. Ein hoher Lebensstandard garantiert nicht, wie Menschen, die in Knappheitsgesellschaften leben, möglicherweise denken, dass das eigene Leben als sinnvoll und lebenswert empfunden wird.[70] Diese Aussage macht deutlich, wie tief die eben beschriebenen Veränderungen in das Wertesystem des Menschen eindringen. Die Freizeitgesellschaft unterscheidet sich somit nicht nur auf der Handlungsebene grundlegend von traditionellen Gesellschaftsformen. Persönlichem inneren Erleben kommt eine sinnstiftende Funktion zu, eine Funktion also, die in anderen Gesellschaftsformen von der Religion übernommen wurde.

Schulze unterscheidet Erlebnisse danach, ob sie unbewusst stattfinden oder bewusst herbeigeführt werden. So hat eine Person sowohl beim Putzen der Wohnung als auch beim Reparieren des Autos innere Erlebnisse und nimmt diese mehr oder weniger bewusst wahr. Die jeweilige Handlung ist in der Regel aber nicht primär auf ein bestimmtes Erlebnis ausgerichtet, sondern auf einen äußeren Zweck. Sie ist demnach *außenorientiert*. Der Besuch einer Kulturveranstaltung zielt dagegen meist bewusst auf ein inneres Erleben ab. Diese Handlung ist also im Gegensatz zu den beiden anderen *innenorientiert*.[71] Schulze bezeichnet dieses Handeln, welches systematisch auf Erlebnisse hin ausgerichtet ist, als *Erlebnisrationalität*.[72]

## 3.2 Soziale Milieus

Der Erlebnismarkt bietet nun eine unermessliche Vielzahl von Möglichkeiten, Erlebnisse herbeizuführen. Das Individuum steht daher vor der schwierigen Aufgabe, aus einer Fülle von Angeboten auf dem Erlebnis- und Freizeitmarkt nach ästhetischen Gesichtspunkten auszuwählen. Dies hat zur Folge, dass die Suche nach Erlebnissen nicht mehr etwas Nebensächliches und Beiläufiges ist. Die Wahl der persönlichen Erlebnisse wird zur Lebensaufgabe. Daraus wiederum resultiert ein Bedürfnis

---

[69] Vgl. Gerhard Schulze: Die Erlebnis-Gesellschaft. a.a.O., S.59.
[70] Vgl. Werner Schaeppi: Braucht das Leben einen Sinn? Empirische Untersuchung zur Natur, Funktion und Bedeutung subjektiver Sinntheorien, Zürich 2004, S. 4.
[71] Vgl. Gerhard Schulze: Die Erlebnis-Gesellschaft. a.a.O., S. 40
[72] Ebd.

nach Orientierung in einer schwer überschaubaren Welt der Möglichkeiten.[73]

Als weiteres Phänomen von Wohlstandsgesellschaften verlieren traditionelle Bindungen wie Familie an Bedeutung.

„Familie, Stamm und Nation sind Dinosaurier: unsympathisch und reak-
tionär. Jugendkulturen verhöhnen diese überkommenen Sozialisations-
agenten und ersetzten sie durch gestylte Simulationen. Für diese
zweckdienlich entworfenen Konstruktionen kann man sich entscheiden
– man hat die Freiheit der Wahl und findet sich wieder unter Gleichge-
sinnten. Das macht nicht nur Spaß sondern auch Sinn."[74]

Beziehungen werden wählbar, und Erlebnisangebote übernehmen eine
wichtige Funktion beim Aufbau sozialer Kontakte. Das Erlebnis hat neben der ‚inneren' somit auch eine soziale Komponente. Diese wird
durch das Bedürfnis nach Orientierung verstärkt. Das Gefühl, Teil einer
großen „Family" zu sein, ist auch für viele Mitglieder der Psy-Trance-
Szene besonders wichtig.[75]

Neben der ständig wachsenden Fülle von Entscheidungs- und Hand-
lungsmöglichkeiten fallen feste Instanzen wie eindeutige moralische
Prinzipien der Gesellschaft oder auch die Kirchen als Orientierungshil-
fen weg.[76] So kommt es trotz der Freiheit, die jedes Individuum bei der
Wahl seiner individuellen Erlebnisangebote besitzt, zu sozialen Zu-
sammenschlüssen.[77] „Kollektive Schematisierungen und Segmentierun-
gen von Existenzformen"[78] dienen so u.a. der Entlastung des Einzelnen
vom Entscheidungsdruck, der ihm durch die Fülle der Freizeitangebote
auferlegt wird, und dienen gleichzeitig der Orientierung bei der individuellen Sinnfrage. Auch was die Technoszenen angeht, zeigt sich,

„dass die kulturelle Praxis ihr kollektivierendes Potential nicht trotz,
sondern vor allem wegen der kodifizierten Aneignung spezifischer Waren und Dienstleistungen entfaltet.[...] Die Erfahrung der Gruppenzuge-

---

[73] Vgl. Gerhard Schulze: Die Erlebnis-Gesellschaft. a.a.O., S. 18.
[74] aus Spiegel spezial, Selbstportrait einer Generation. Die Eigensinnigen,
November 1994. Zitiert nach: Arthur Thömmes: Love is the messagen. a.a.O., S. 9.
[75] Vgl. Kap. 2.1.3 Goa
[76] Vgl. Werner Schaeppi: Braucht das Leben einen Sinn? a.a.O., S. 10.
[77] Vgl. Gerhard Schulze: Die Erlebnis-Gesellschaft. a.a.O., S.18.
[78] Ebd.

hörigkeit wird dabei vor allem durch die kollektive Partizipation an den einschlägigen (kommerziellen) Erlebnisangeboten vermittelt."[79]

Die Teilnahme ist freiwillig und ist nicht durch spezielle vorgegebene Bedingungen wie Milieuzugehörigkeit oder Mitgliedschaft bestimmt. Auch hier entscheidet das Individuum selbst. Die einzigen Vorbedingungen sind das nötige Geld und ausreichend freie Zeit. Gleichzeitig ist der Zugang mehr oder weniger selektiv. Diese Selektion erfolgt in Clubs durch den Türsteher und bei großen Veranstaltungen teilweise über den Verkauf von Eintrittskarten oder, bei konspirativ organisierten Treffen, durch selektive Preisgabe des Wissens über den Ort und den Zeitpunkt des Events.[80] So lässt sich aus kultursoziologischer Sicht die Existenz von Gemeinschaften wie der Psy-Trance-Bewegung erklären. Das Individuum erlebt sich als Teil dieser Gemeinschaft, die nicht auf formeller Mitgliedschaft basiert, sondern überwiegend auf der Teilnahme an den einzelnen Veranstaltungen und den frei wählbaren sozialen Kontakten innerhalb der Gruppe. Gerhard Schulze spricht hierbei auch von der Bildung erlebnisorientierter Milieus. Menschen mit ähnlichen oder gleichen „Erlebnisprojekten" finden sich in Vereinen, Institutionen oder Szenen zusammen. Häufig entwickeln sie gemeinsame Zeichen wie „Sprachcodes, Umgangsformen, Kleidung, Besitzgegenstände", etc.[81]

### 3.3 Hedonismus

Schulze betont aber auch ausdrücklich, dass Erlebnisorientierung nicht zwangsläufig Hedonismus bedeuten muss.[82] Erlebnis ist nicht unbedingt mit Spaß oder Genuss gleichzusetzen. Für die Psy-Trance-Szene als Ganzes, mit ihren bis in den Morgen oder gar über mehrere Tage gefeierten Partys, scheint diese Gleichsetzung jedoch eine gewisse Berechtigung zu haben.[83] Spaß, bzw. „Fun" und Feiern stehen bei den

---

[79] Erik Meyer: Die Techno-Szene. a.a.O., S. 158.
[80] Ebd.
[81] Vgl. Gerhard Schulze: Die Erlebnis-Gesellschaft. a.a.O., S. 178.
[82] Vgl. Gerhard Schulze: Die Erlebnis-Gesellschaft. a.a.O., S. 39.
[83] Eine Zuordnung der Psy-Trance-Szene zu dem von Schulze definierten Unterhaltungsmilieu mit seinem Schwerpunkt auf dem Streben nach Stimulation und der Vermeidung von Langeweile scheint zunächst naheliegend. Bei näherer Betrachtung zeigen sich bei diesem Versuch jedoch Widersprüche. Eine eindeutige Zuordnung der Psy-Trance-Szene zu einem der fünf von Schulze beschriebenen

Trance-Fans, wie auch in anderen Techno-Szenen der Fall, an oberster Stelle, und die Bewegung bekennt sich offen dazu, was unter anderem aus der Lektüre des Szene-Magazins mushroom hervorgeht. So kann man die Szene wohl durchaus als hedonistisch bezeichnen.

Der Duden definiert Hedonismus als „in der Antike begründete philosophische Lehre, nach welcher das höchste ethische Prinzip das Streben nach Sinneslust und Genuss ist."[84] Hedonistisch sein bedeutet demnach, dem Lustprinzip zu folgen.[85] Dies zeigt zunächst, dass es sich hierbei um kein neues Phänomen handelt. Die kyreanische Schule, die sich auf den Philosophen Aristip bezog, sah das Streben nach Lust als eigentliche Natur des Menschen an und schloss daraus, dass dieses daher keiner Rechtfertigung oder Erklärung bedarf.[86] Gerade wenn es darum geht, den Hedonismus der Religion gegenüberzustellen, ist es jedoch wichtig, den Begriff noch näher einzugrenzen. So strebt beispielsweise ein Mensch, der ein religiöses Leben führt und sich nach Glückseligkeit im Paradies jenseits sehnt, gewissermaßen nach Lust, ebenso wie der Asket, der in seiner Enthaltsamkeit nach freudvoller Begegnung mit Gott im Hier und Jetzt sucht.[87] Daher soll für diese Arbeit unter Lust „nur auf Erden ablaufende Affektionen der Sinne" verstanden werden, „und zwar solche, die eine positive emotionale Tönung besitzen."[88] Hedonistisch sein bedeutet in diesem Falle nach dieser Form von Lust, wie sie sich beispielsweise im Sexualakt, beim Konsumieren von Genussmitteln und Musik sowie beim Feiern und Tanzen einstellt, zu streben. Dieses Streben nach Lust gilt für den Hedonisten als oberstes Lebensziel. Folgende Aussage Epikurs ist hier besonders beispielhaft:

---

Milieus scheint nicht so leicht möglich zu sein. Daher soll es an diesem Punkt bei der Feststellung bleiben, dass es sich hierbei um ein soziales Milieu handelt, in dessen Mittelpunkt das gemeinsame Feiern und Spaß (Fun) haben steht.

[84] Duden Fremdwörterbuch. Mannheim 1990.

[85] Ebd.

[86] Vgl. Bettina Dessau, Bernulf Kanitscheider: Von Lust und Freude. Gedanken zu einer hedonistischen Lebensorientierung, Frankfurt am Main 2000, S. 24.

[87] Vgl. Bettina Dessau, Bernulf Kanitscheider: Von Lust und Freude. a.a.O., S. 22.

[88] Vgl. Bettina Dessau, Bernulf Kanitscheider: Von Lust und Freude. a.a.O., S. 22.

„Ich wüsste nicht, was ich mir überhaupt noch als ein Gut vorstellen kann, wenn ich mir die Lust am Essen und Trinken wegdenke, wenn ich die Liebesgenüsse verabschiede und wenn ich nicht mehr meine Freude haben soll an dem Anhören von Musik und dem Anschauen schöner Kunstgestaltungen."[89]

Hedonistische Menschen und Bewegungen heben sich daher von solchen ab, die Lust in anderen Formen des Erlebens wie beispielsweise in intellektueller Erkenntnis oder in der Arbeit, suchen.

### 3.4 Hedonismus und Gemeinschaft

Es bleibt zu erwähnen, dass die Definitionen von Lust und vor allem die des höchsten Lebenssinnes sich in den meisten folgenden philosophischen Strömungen deutlich von denen des Hedonismus unterschieden. Der Hedonismus wurde regelrecht verachtet und angefeindet, weil das Streben nach individueller Lust nicht dem Gemeinwohl diente und als untugendhaft galt. Vielmehr setzte sich die stoische Ethik durch, die das Gemeinwohl als höchstes Gut definierte, dem zu dienen der eigentliche Sinn des individuellen Lebens war. Das Empfinden von Glück wurde nicht grundsätzlich abgelehnt. Dieses sollte jedoch Folge eines tugendhaften Verhaltens sein.[90] Diese Sichtweise scheint sich bis heute in der christlichen Ethik erhalten zu haben, und auch außerhalb christlicher Gemeinschaften gilt eine hedonistische Lebenseinstellung häufig als unsozial.

Die Vertreter des Hedonismus sahen und sehen dies freilich anders. Zwar ist der Hedonismus eine Lebenshaltung, die sich zunächst auf die Befriedigung des eigenen Wohls bezieht und demnach auch als egoistisch bezeichnet werden kann. Da aber der Mensch nicht alleine leben kann, die Gemeinschaft also eine Grundvoraussetzung für ein angenehmes Leben ist, gilt auch soziales Verhalten als glücksfördernd. Unsoziales Verhalten, welches den Ärger anderer auf sich zöge, hätte für den Einzelnen negative Konsequenzen und somit Lustminderung zur Folge. Tugendhaftes Verhalten gilt im Hedonismus als eine Folge des

---

[89] Diogenes Laeritius: Leben und Meinungen berühmter Philosophen. Hamburg 1967 Buch II, Kapitel VIII. Zitiert nach: Bettina Dessau, Bernulf Kanitscheider: Von Lust und Freude. a.a.O., S. 40.
[90] Vgl. Bettina Dessau, Bernulf Kanitscheider: Von Lust und Freude. a.a.O., S. 49.

Strebens nach individueller Lust, ohne dass ihm eine höhere, metaphysische Bedeutung zukommt.[91]

### 3.5 Zusammenfassung

Die Psy-Trance-Szene ist eine hedonistische Bewegung, deren Vorhandensein sich kultursoziologisch mit dem Modell der Erlebnisgesellschaft erklären lässt. Die Szenemitglieder streben inneres Erleben in Form von Spaß und gemeinsamen Feiern an. „Fun" ist das erklärte oberste Ziel der Veranstaltungen und gilt häufig als Antwort auf die Sinnfrage. Die Zugehörigkeit zu der Szene definiert sich durch die Teilnahme an den gemeinsamen Veranstaltungen. Trotz des Strebens nach persönlichem inneren Erleben ist das Gemeinschaftsgefühl dabei relativ hoch bzw. als eine Grundvoraussetzung für das innere Erleben zu sehen. Das Gefühl von Gemeinschaft scheint aber auch einen festen Platz im Werteverständnis der Mitglieder zu haben.[92] Da „Fun" zudem meist als etwas gemeinsam Erlebtes verstanden wird, lassen sich individuelles Lustempfinden und Gemeinschaft kaum voneinander trennen.

Nachdem die vorangegangenen Ausführungen die hedonistischen Züge der Bewegung aufgezeigt und benannt haben, soll nun das wesentlich schwierigere Unterfangen angegangen werden, nach den religiösen Dimensionen zu suchen. Hans Albrecht Hartmann und Rolf Haubl schlagen eine Brücke zwischen dem Phänomen der Erlebnisgesellschaft und dem der Religion. Ihrer Meinung nach, und dabei stützen sie sich auf Max Weber, töten in unserer modernen Gesellschaft „Markt und Bürokratie [...] alle Gewissheit eines – ehemals religiös verbürgten – Lebenssinnes ab."[93] Der Mensch, zurückgelassen in einer Welt ohne Gott und ohne Arbeit, sieht im Erlebnis die einzige Möglichkeit, die so entstandene Leere zu füllen. Die Erlebnisgesellschaft stellt demnach eine Situation dar, wie sie Aldous Huxley in seinem Science-Fiction-Roman „Schöne neue Welt" beschrieben hat.

---

[91] Vgl. Bettina Dessau, Bernulf Kanitscheider: Von Lust und Freude. a.a.O., S. 218.
[92] Vgl. Kap. 2.1.3 Goa
[93] Hans Albrecht Hartman; Rolf Haubl: „Erlebe Dein Leben!". Eine Einführung. In Ders. (Hg.): Freizeit in der Erlebnisgesellschaft. Amüsement zwischen Selbstverwirklichung und Kommerz, Opladen 1996, S. 8.

„In dieser von Arbeit entlasteten und dafür mit Freizeit belasteten Welt leben Menschen, die ihren Sinn- und Freiheitsverlust kompensieren, indem sie ihre Sinne und ihren Verstand tagtäglich betäuben und diese Betäubung als Glückseligkeit empfinden!"[94]

Sind also Bedürfnisse wie Sinn und Glückseligkeit in unserer Gesellschaft von den religiösen Institutionen auf die Erlebnisindustrie übertragen worden, welche diese nur unzureichend bedienen kann, ohne dass dies von deren Kunden bemerkt wird? Und wenn dies der Fall wäre, könnte man dann das Konsumieren von Erlebnissen, alleine oder auch in Gemeinschaft, deswegen als religiös bezeichnen? Hier stellt sich die Frage, was genau Religion bzw. Religiosität eigentlich ist? Wozu dient bzw. diente sie, und welche Bedürfnisse hat sie zu befriedigen?

---

[94] Hans Albrecht Hartman; Rolf Haubl: „Erlebe Dein Leben!". a.a.O., S. 9.

# 4 Was ist Religion?

Will man ein Phänomen wie die Psy-Trance-Bewegung auf ihren religiösen Gehalt hin untersuchen, kommt man nicht umhin, zunächst zu definieren, was unter Religion bzw. unter religiös verstanden werden soll. Schnell stellt sich dabei heraus, dass dies die alles entscheidende Frage ist, die bereits zahlreiche Bände gefüllt hat. Bis heute konnten sich die Sozialwissenschaften nicht auf eine einheitliche Definition einigen. Dies liegt zum großen Teil an der Vielfalt in der sich religiöses Leben manifestiert. Eine mögliche und im Alltagsgebrauch durchaus übliche Definition wäre beispielsweise, Religion als „den Glauben an höhere Wesen" zu bezeichnen. Was aber ist mit dem Buddhismus, der in einigen seiner Ausprägungen, die im Westen großen Anklang finden, eine Existenz eines solchen Wesens verneint. Einige mögen dieses Problem für sich lösen indem sie es bevorzugen, diese Erscheinungen der Philosophie zuzuordnen, was nichts an der Tatsache ändert, dass eine Zuordnung zur Religion möglich, bzw. naheliegend erscheint. Dies ist nur eines von vielen Beispielen, um eine Einführung in die Problematik zu geben.

## 4.1 Religionsbegriffe

Die moderne Religionssoziologie arbeitet mit zwei verschiedenen Religionsbegriffen: dem substantialistischen, bzw. substantiellen Religionsbegriff und dem funktionalen bzw. funktionalistischen Begriff. Hierbei handelt es sich jedoch nicht um einheitliche und eindeutige Definitionen von dem, was Religion ist, sondern um zwei verschiedene Möglichkeiten, Religion zu definieren.

### 4.1.1 Die substantialistische bzw. substantielle (inhaltsbezogene) „Definition"

Die substantielle Methode versucht, Religion durch Inhalte und Wesensmerkmale zu beschreiben. Die entsprechende Frage wäre: Wie tritt Religion in Erscheinung? Das eben erwähnte Beispiel, sie als den Glauben an höhere Wesen zu bezeichnen, ist eine Möglichkeit, Religion substantiell zu beschreiben. Zur Abgrenzung zum nicht Religiösen werden inhaltliche Wesensmerkmale, wie beispielsweise bestimmte rituelle Handlungen, herangezogen. Ausgangspunkt ist meist die christliche

Religion. Wie bereits erwähnt, stößt eine solche Methode schnell an ihre Grenzen, wenn es darum geht, Religion im interkulturellen Kontext zu betrachten.[95] Substantielle Definitionsversuche erweisen sich somit oft als zu eng, um Religion in all ihren Ausdrucksformen zu beschreiben.

### 4.1.2 Die funktionalistische bzw. funktionale (leistungsbezogene) „Definition"

Die funktionale Methode verfolgt einen anderen Ansatz. Sie fragt nicht nach Inhalten, sondern nach der Funktion von Religion. Sie sucht nach dem Beitrag, den Religion für das Individuum beziehungsweise für die Gesellschaft leistet. Diese Betrachtungsweise wurde von Emile Durkheim eingeführt und von Parsons, Belah, Luckmann, Luhmann u.a. fortentwickelt. Religion wird so beispielsweise beschrieben als „der letzte Sinnhorizont, der allgemeinste Symbolrahmen einer Gesellschaft oder einer Gruppe" bezeichnet.[96] In der Praxis zeigt sich jedoch schnell, dass funktionale Modelle oft zu weitgefasst sind, um religiöse Phänomene sinnvoll einzugrenzen, bzw. Religiöses vom Profanen abzugrenzen. Die Gefahr, die hier besteht, ist, dass letztendlich alles zur Religion erhoben wird. Religion wird aus der funktionalen Perspektive oft als etwas „anthroprologisch Vorgegebenes" betrachtet. Eine religionslose Gesellschaft ist somit gar nicht möglich.[97]

Substantielle Definitionen von Religion sind also meist zu eng, um alle religiösen Phänomene einzuschließen, während andererseits funktionale Definitionen unscharf werden, wenn es darum geht, Religiöses von nicht Religiösem zu differenzieren.

„Es ist offenbar [...] nicht möglich, eine Definition von Religion zu gewinnen, die zugleich alle mit diesem Wort bezeichneten Erscheinungen umfasst und auch deren eigentliche Intention. Entweder einer Definition gelingt ersteres, dann ist sie zu eng, oder sie strebt nach letzterem, dann wird sie zu weit und damit untauglich zum *definire*, zum Abgren-

---

[95] Vgl. Karl Gabriel: (Post-) Moderne Religiosität zwischen Säkularisierung, Individualisierung und Deprivatisierung. In: Waldenfels, Hans (Hg.): Religion. Entstehung - Funktion - Wesen, Freiburg 2003, S. 111.
[96] Vgl. Heiner Barz: Religion ohne Institution? Eine Bilanz der sozialwissenschaftlichen Jugendforschung. Opladen 1992, S. 119.
[97] Vgl. Heiner Barz: Religion ohne Institution? a.a.O., S. 120.

zen der Religion von anderen Haltungen und Handlungen im menschlichen Leben."[98]

Ein universell anwendbarer Religionsbegriff kann folglich nicht gebildet werden.[99] Wie aber ist es dann möglich, nach der religiösen Dimension eines Phänomens wie der Psy-Trance-Szene zu suchen? Wenngleich es unmöglich ist, eine alles umfassende Definition von Religion zu erstellen, so ist eine Annäherung für den konkreten Einzelfall dennoch denkbar. Es geht darum, eine Definition von Religion zu finden, die sich für dieses spezielle Phänomen eignet. Sie sollte eng genug sein, damit sie nicht zu beliebig erscheint. Das allabendliche Fernsehprogramm mag, je nachdem wie man Religion definiert, durchaus einen Teil ihrer Funktion mit übernehmen, und es gibt tatsächlich Versuche, beispielsweise die Massenmedien als „Quasireligion" zu bezeichnen.[100] Eine Definition zu verwenden, die praktisch alles zur Religion macht, würde das gesamte Unterfangen jedoch zur Farce werden lassen. Auf der anderen Seite scheint ein Religionsbegriff, der zu eng gefasst ist, in diesem Fall ebenfalls wenig Sinn zu machen. Dies würde bedeuten, nach etwas zu suchen, von dem man bereits weiß, dass es nicht da ist, was nicht weniger albern erschiene.

Häufig werden in der Soziologie Kombinationen aus zweien oder mehreren Definitionen verwendet und funktionale und substantielle Ansätze miteinander kombiniert, um zu einem operationalen Begriff zu kommen.[101] In dieser Arbeit werden eine relativ weit gefasste substantielle und eine sehr konkrete funktionale Definition vorgestellt, anhand derer das Phänomen Psy-Trance untersucht werden soll. Zum einen wird das Modell von Franz-Xaver Kaufmann herangezogen, der einen ganzen Katalog von Funktionen der Religion zusammengestellt hat. Zum anderen wird der Theologe Paul Tillich mit seiner Philosophie des Unbedingten vorgestellt. Diese Auswahl ist nicht willkürlich.

---

[98] Helmut Gollwitzer: Was ist Religion? Fragen zwischen Theologie, Soziologie und Pädagogik. München 1980, S. 19.
[99] Ebd.
[100] Vgl. Heiner Barz: Religion ohne Institution? a.a.O., S. 131.
[101] Vgl. Karl Gabriel: (Post-) Moderne Religiosität zwischen Säkularisierung, Individualisierung und Deprivatisierung. a.a.O., S. 112.

Viele Arbeiten, die sich mit Jugend und Religion auseinander setzen, stützen sich auf Kaufmann, und auch Tillichs Theorie des Unbedingten, wenngleich mittlerweile über vierzig Jahre alt, erfreut sich nach wie vor großer Beliebtheit, wenn es darum geht, die ‚innere Dimension' von Religion zu beschreiben. So bezieht sich beispielsweise Oliver Dumke bei seinem Vergleich von Gottesdienst und Technoevent vorwiegend auf Kaufmann[102], während Jürgen Kaesler sich bei seiner Arbeit über Techno und Religion auf Tillich beruft.[103] Michael Schäfers wiederum zieht bei seiner Untersuchung zur religiösen Dimension der Popularmusik im Allgemeinen beide Modelle heran.[104] Weiter ist diese Kombination sinnvoll, weil Kaufmann mit seiner Funktionsbeschreibung die gesellschaftliche und soziale Komponente abdeckt, während Tillich mit seiner Ausführung auf das innere Erleben des Religiösen eingeht. Letzteres bildet wiederum eine Brücke zum Phänomen der ‚Innenorientierung' in der Erlebnisgesellschaft.[105]

## 4.2 Die „funktionale Mehrdimensionalität von Religion" nach Kaufmann

Auch Kaufmann betont das ‚Dilemma', das sich ergibt, wenn man das Phänomen Religion entweder substantiell oder funktional einzugrenzen versucht, und betont die Gefahr der Beliebigkeit, die ein funktionaler Ansatz mit sich bringt.[106] Diese versucht er zu reduzieren, indem er mehrere funktionale Betrachtungsweisen miteinander kombiniert. So geht er von sechs grundlegenden Problemen aus, die für zwischenmenschliches Zusammenleben entscheidend sind, und sieht die Leistung von Religion darin, eine Lösung für diese Probleme zur Verfügung zu stellen.[107]

---

[102] Vgl. Oliver Dumke: Techno als säkulare Liturgie. Anmerkungen zu Form und Funktion von Gottesdienst und Technoevent. In: Hitzler, Ronald; Pfadenhauer, Michaela (Hg.): Techno-Soziologie. Erkundung einer Jugendkultur, Opladen 2001, S. 74 ff.
[103] Vgl. Jürgen Kaesler: Techno und Religion. Die elektronische Musik als Religion der Generation XTC, Hamburg 1999, S.10 ff.
[104] Vgl. Schäfers, Michael: Jugend-Religion-Musik. Zur religiösen Dimension der Popularmusik und ihre Bedeutung für Jugendliche heute, Münster 1999, S. 22 ff.
[105] Vgl. Kap. 3.1 Die Erlebnisgesellschaft
[106] Vgl. Franz-Xaver Kaufmann: Religion und Modernität. Sozialwissenschaftliche Perspektiven, Tübingen 1989, S. 82.
[107] Vgl. Franz-Xaver Kaufmann: Religion und Modernität. a.a.O., S. 84-88.

1. Das Problem der *Affektbindung der Angstbewältigung,* als Zentralproblem der Anthropologie Arnold Gehlens, welches laut Kaufmann der Religionstheorie von Thomas Luckmann zugrunde liegt. Die Lösung dieses Problems lautet *Identitätsstiftung.*

2. Das Problem der *Handlungsführung im Außeralltäglichen,* also der Umgang mit außergewöhnlichen Situationen, in denen Magie, Rituale oder auch die Moral Orientierung bieten.

3. Das Problem der *Verarbeitung von Kontingenzerfahrungen.* Unter Kontingenzerfahrungen sind Erlebnisse wie Unrecht, Leid und Schicksalsschläge zu verstehen, die das Individuum mit Hilfe der Religion verarbeiten kann.

4. Das Problem der *Legitimation von Gemeinschaftsbildung und sozialer Integration,* ein Aspekt der u.a. bei Durkheim grundlegend ist.

5. Das Problem der *Kosmisierung der Welt.* Hierbei geht es darum, die Umwelt so zu deuten und zu ordnen, dass die Möglichkeit des Chaos und das damit einhergehende Gefühl der Sinnlosigkeit ausgeschlossen sind.

6. Das Problem der *Distanzierung von gegebenen Sozialverhältnissen.* Religion ermöglicht demnach eine emotionale Abgrenzung von einer als ungerecht empfundenen sozialen Umwelt.

Die Funktion von Religion besteht somit in der Antwort auf diese sechs grundlegenden Probleme und wird von Kaufmann unter „(1) Identitätsstiftung, (2) Handlungsführung, (3) Kontingenzbewältigung, (4) Sozialintegration, (5) Kosmisierung, (6) Weltdistanzierung"[108] zusammengefasst. Dabei betont er, dass Religion im traditionellen Sinne alle diese Leistungen erbracht hat, dass es aber in heutiger Zeit keine Instanz mehr gibt, die auf jedes dieser Probleme eine Antwort liefern kann. Vielmehr existiert eine Aufgabenteilung unter verschiedenen Instanzen. Ein Teil dieser Instanzen, wie beispielsweise die Psychotherapie, wird zumindest im landläufigen Sinne nicht als religiös betrachtet.[109]

---

[108] Franz-Xaver Kaufmann: Religion und Modernität. a.a.O., S. 85.
[109] Vgl. Franz-Xaver Kaufmann: Religion und Modernität. a.a.O., S. 86.

Die religiöse Qualität einer Instanz zeigt sich in der „*gleichzeitigen* Erfüllung *mehrerer* solcher Leistungen".[110] Ein Phänomen wie die Psy-Trance-Bewegung auf seinen religiösen Gehalt hin zu untersuchen, würde bedeuten zu prüfen, wie viele dieser Funktionen sie gleichzeitig übernehmen kann. Die Stärke dieser Methode ist wohl, verglichen mit anderen funktionalen Ansätzen, die sich auf einen Aspekt beschränken, in ihrer Vielschichtigkeit zu sehen. Das Problem der Beliebigkeit scheint sie jedoch nicht gänzlich ausschließen zu können, nicht zuletzt weil offen bleibt, wie viele und welche dieser Leistungen mindestens erfüllt sein müssen, bevor man tatsächlich von einem religiösen Phänomen sprechen kann.[111]

Eine weitere Schwäche dieser Methode, die wohl jeder funktionale Ansatz mit sich bringt, liegt in ihrer Problemorientierung. Der kausale Zusammenhang zwischen schwierigen Lebenssituationen und dem Bedürfnis, diese mit Hilfe von Religion zu meistern, mag richtig sein. Das religiöse Bedürfnis des Menschen oder das Vorhandensein religiöser Phänomene allein aus diesem Blickwinkel zu betrachten, ist jedoch gefährlich, weil einerseits das individuelle religiöse Erleben nicht berücksichtigt und andererseits Religion auf die Funktion einer Prothese reduziert wird. Es scheint, als ob dieses Problem in der Natur funktionaler Ansätze liegt, da diese grundsätzlich nach einem kausalen Zusammenhang suchen, Religion also allzu oft als Lösung für ein Problem beschreiben.[112] Es lohnt sich daher, zusätzlich noch einen weiteren, theologischen Ansatz in Betracht zu ziehen, auf die Gefahr hin, das Gebiet der Kulturwissenschaften, zumindest vorübergehend, endgültig zu verlassen.

---

[110] Franz-Xaver Kaufmann: Religion und Modernität. a.a.O., S. 87.
[111] Vgl. Karl Gabriel: (Post-) Moderne Religiosität zwischen Säkularisierung, Individualisierung und Deprivatisierung. a.a.O., S. 111
[112] Vgl. Helmut Gollwitzer: Was ist Religion? a.a.O., S. 64

## 4.3 Paul Tillichs Religionsphilosophie des Unbedingten

Es soll noch einmal erwähnt werden, dass es sich bei der Psy-Trance-Bewegung selbstverständlich um keine religiöse Institution im klassischen Sinne handeln kann. Der funktionale Ansatz von Kaufmann hat jedoch gezeigt, dass gewisse Leistungen, die Religion traditionell übernommen hat, heute auch von säkularen Institutionen übernommen werden, die man demnach umso eher als religiös bezeichnen kann, je mehr dieser Leistungen sie übernehmen. Wenn man Religion so definiert, ist es relativ leicht, säkularen Institutionen religiösen Charakter zuzuschreiben. Die Frage, die sich dann stellt, ist nicht mehr, *ob* diese religiöse Aspekte besitzen, sondern vielmehr, *wie religiös* sie sind. Ich werde die Psy-Trance-Bewegung an späterer Stelle daraufhin genauer untersuchen.

Die meisten substantiellen Ansätze, die in der Regel nach konkreten religiösen Inhalten fragen, schließen eine solche Zuordnung meist von vornherein aus. Von daher ist es nicht verwunderlich, wenn Paul Tillichs Philosophie des Unbedingten gerne herangezogen wird, wenn es darum geht, nach Spuren von Religion jenseits religiöser Institutionen wie den Kirchen zu suchen. Dem protestantischen Theologen, der sich unter anderem dem Zusammenhang zwischen Kultur und Religion gewidmet hat, ist es gelungen, mit seiner Arbeit den Graben zwischen Heiligem und Profanem auch aus theologischer Sicht zu überwinden und diverse kulturelle Phänomene so zum Gegenstand der Theologie zu machen.[113] Auch Tillich unterscheidet einen engen von einem weiten Religionsbegriff. Den enge Religionsbegriff, der Mythen, religiöse Vorstellungen, Götterbilder und kultische Handlungen umfaßt, bezeichnet er als eine spezifische Ausformung dessen, was er als den weiten Religionsbegriff bezeichnet.[114] Dieser weite Religionsbegriff beschreibt Religion als *„die Erfahrung dessen, was uns unbedingt angeht."*[115]

---

[113] Vgl. Schäfers, Michael: Jugend-Religion-Musik. a.a.O. S. 27.
[114] Vgl. Paul Tillich: Die religiöse Substanz der Kultur. Schriften zur Theologie der Kultur, Gesammelte Werke, Bd. 9, Stuttgart 1967, S. 95
[115] Paul Tillich: Die religiöse Substanz der Kultur. a.a.O., S. 94.

Damit verschiebt er den Religionsbegriff von den äußeren Handlungen und Formen in den Bereich der inneren religiösen Erfahrung. Diese bezeichnet er als den *„Zustand des Ergriffenseins von etwas Unbedingtem, Heiligem, Absolutem."*[116] Dieser Zustand wiederum kann sich auf verschiedene Art und Weise offenbaren. „Ob in schauervollem Erschrecken oder in seliger Verzückung, immer werden im erlebenden Subjekt Tiefen angerührt, die die bloße Vernunft nicht mehr auszuloten vermag."[117] Die Besonderheit des religiösen Erlebens wird von Tillich auch als „Ekstase" bezeichnet.[118] Dabei geht Tillich davon aus, dass diese Erfahrung des Ergriffenseins, die er auch die *Erfahrung des Unbedingten* nennt, auch in so genannten profanen, nicht kultischen Erscheinungen immanent sein kann. Das Unbedingte und somit die Religion ist das, was allen kulturellen Erscheinungen den Sinn und die Tiefe gibt, die diese benötigen um wirklich zu ergreifen.[119]

So kommt Tillich zu seiner berühmten Aussage: *„Religion ist die Substanz der Kultur, und Kultur ist die Form der Religion."*[120] Dabei betont er, dass es ihm hierbei nicht ausschließlich um eindeutig religiöse kulturelle Formen geht, sondern ausdrücklich um die sogenannte „autonome Kultur". Er verdeutlicht dies an einem Beispiel der Bildenden Kunst, die, wenn es sich um echte Kunst handelt, eine Tiefe enthalten muss, die durch die äußere Form hindurchschwingt. Weiter betont er, dass Kunst, die diese „Tiefendimension" nicht hat, „entleerte Kunst" ist.[121] Zu erwähnen ist hierbei jedoch, dass Tillich sich bei seinen Veröffentlichungen nie auf die populäre Kultur oder die Musik bezogen hat.[122] Man kann daher nicht mit absoluter Gewissheit davon ausgehen, dass er selbst eine solche Verbindung gezogen hätte. Dennoch scheint sich sein weit gefasster Religionsbegriff besonders gut dafür zu eignen, scheinbar

---

[116] Paul Tillich: Die religiöse Substanz der Kultur. a.a.O., S. 86.
[117] Hans Röder: Heilige – profane Wirklichkeit bei Paul Tillich. Ein Beitrag zum Verständnis und zur Bewertung des Phänomens der Säkularisierung, Paderborn 1975, S. 24.
[118] Ebd.
[119] Vgl. Paul Tillich: Die religiöse Substanz der Kultur. a.a.O., S. 86.
[120] Paul Tillich: Die religiöse Substanz der Kultur. a.a.O., S. 102.
[121] Vgl. Paul Tillich: Die religiöse Substanz der Kultur. a.a.O., S. 95.
[122] Vgl. Bernd Schwarze: „Everybody's Got a Hungry Heart...". Rockmusik und Theologie, in: Bubmann, Peter/ Tischler, Rolf: Pop & Religion. Auf dem Weg zu einer neuen Volksfrömmigkeit? Stuttgart 1992, S. 193.

areligiöse, kulturelle Phänomene mit Religion in Beziehung zu setzen.[123] Diese Erscheinungen werden von Tillich auch als Quasi-Religionen bezeichnet.

### 4.3.1 Quasi-Religionen, Pseudo-Religionen und Ersatzreligionen

Tillich führt in diesem Zusammenhang auch den Begriff der Quasi-Religionen ein, womit er Institutionen oder Bewegungen beschreibt, die im
Sinne des *„Ergreifens"* Ähnlichkeiten mit den traditionellen Religionen
aufweisen.[124] Diese können sein: die Wissenschaft, der Kommunismus,
der Nationalismus, der Faschismus oder selbst der Atheismus.[125] Denn
auch der Atheist ist, wenn er seine Vorstellungen leidenschaftlich ver-
tritt, von diesen unmittelbar ergriffen. Tillich spricht hier von einem „religiösen Element", das selbst in allen antireligiösen und antichristlichen
Bewegungen des 20. Jh. verborgen war. Er begründet dies damit, dass
in allem „etwas von letzter und unbedingter Bedeutung, etwas absolut
Ernstes und darum Heiliges, selbst wenn es in profanen Worten ausge-
drückt wird,"[126] liegt.

Häufig werden diese Erscheinungen auch als Pseudo-Religionen oder
Ersatzreligionen bezeichnet. Der Begriff der Pseudo-Religion ist jedoch
irreführend, weil er suggeriert, dass diese Bewegungen sich als religiös
darstellen wollen, was in den meisten Fällen nicht zutrifft.[127] Der Begriff
Ersatzreligion geht wiederum von einem Mangel aus. Als Reaktion auf
die Leere, welche die Säkularisierung hinterlässt, sucht der Mensch
nach anderen Formen, in denen das Unbedingte zu Tage tritt, um diese
Lücke wieder zu füllen und sein Glaubensbedürfnis zu befriedigen.
Tillich geht es aber nicht darum, die individuelle Erfahrung zu bewerten.
Vielmehr will er mit seinen Ausführungen einen zu engen Religionsbegriff sprengen und nachweisen, dass es den areligiösen Menschen gar

---

[123] Vgl. Kaesler, Jürgen: Techno und Religion. a.a.O., S. 13.
[124] Vgl. Paul Tillich: Die Frage nach dem Unbedingten. Schriften zur
Religionsphilosophie, Gesammelte Werke, Bd. 5, Stuttgart 1964, S.53.
[125] Ebd.
[126] Paul Tillich: Die religiöse Substanz der Kultur. a.a.O., S. 86.
[127] Vgl. Paul Tillich: Die Frage nach dem Unbedingten. a.a.O., S. 53.

nicht geben kann, wie am Beispiel des leidenschaftlichen Atheisten besonders deutlich wird.[128]

Daher stellt sich aber auch bei Tillich irgendwann die Frage, was demnach eigentlich nicht religiös ist.[129] Bei einer faktischen Gleichsetzung von Faschismus und Religion ist dies nur verständlich. Gollwitzer stellt daher die Frage nach der Unterscheidung zwischen „einem legitimen und einem illegitimen Unbedingten, zwischen Gott und Götze, zwischen wahrem Anspruch und irriger Vergötzung von Endlichem".[130] Dabei merkt er an,  dass es möglicherweise eine „romantische Anschauung [ist], dass die in den historischen Religionen sich ausdrückende Religiosität *echter* sei als z.B. jene religiöse Hingabe politisch-atheistischer Märtyrer."[131]  Der gleichen Meinung ist auch Georg Schmid, der der Erfahrung des ‚Heiligen' die des ‚Interessanten' gegenüberstellt und behauptet, dass die „kategoriale Unvergleichbarkeit religiösen Erlebens im Unterschied zum Säkularen hinfällig ist."[132] Da dieser Religionsbegriff vom individuellen Erleben ausgeht und sich von äußeren Formen gelöst hat, schließt er auf der anderen Seite Aspekte der traditionellen Religionen aus, die nur vordergründig religiös erscheinen, denen aber die Tiefe des inneren Erlebens fehlt:

„Wenn letzte Wirklichkeit in diesem Sinn alles religiöse Erleben kennzeichnen soll, dann müssen wir allerdings auch sofort zugeben, dass vieles, was in den traditionellen Religionen geschieht, gerade nicht Religion ist und dass Religion sich nicht nur beiläufig und untypisch, sondern vornehmlich und beispielhaft gerade abseits aller traditionellen Religionen ereignet."[133]

Die „fromme Oberflächlichkeit" des leidenschaftslosen Sonntagskirchgängers, der dem christlichen Ritual aus Gewohnheit oder anderen Motiven beiwohnt, ohne dabei irgendeine Form des Ergriffenseins zu empfinden, mag ein gutes Beispiel hierfür sein.[134]

---

[128] Vgl. Helmut Gollwitzer: Was ist Religion? S. 14.
[129] Ebd.
[130] Ebd.
[131] Helmut Gollwitzer: Was ist Religion? S. 15.
[132] Heiner Barz: Religion ohne Institution? a.a.O., S. 125.
[133] Georg Schmid: Interessant und heilig. Auf dem Weg zur integralen Religionswissenschaft, Zürich 1971, S. 191.
[134] Vgl. Heiner Barz: Religion ohne Institution? a.a.O., S. 126.

## 4.4 Kaufmann und Tillich als Werkzeuge auf der Suche nach religiösen Elementen in der Psy-Trance-Szene

Mit dem Modell von Kaufmann und der Philosophie von Tillich wurden zwei Möglichkeiten vorgestellt, religiöse Phänomene zu betrachten, zu erklären und zu definieren. Beide Theorien gehen davon aus, dass Religiöses sich durchaus jenseits der traditionellen religiösen Institutionen ereignet und sich oft in sehr profanen Handlungen präsentiert.

Kaufmanns Modell betrachtet Religion als eine Antwort auf die Bedürfnisse einer Gesellschaft. Diese Bedürfnisse sind in jeder Gesellschaft vorhanden, und so kann es keine religionslose Gesellschaft geben, selbst wenn diese Bedürfnisse von säkularen Institutionen befriedigt werden. Tillich dagegen sieht Religion als etwas, das jedem Menschen innewohnt und sich in dessen Erleben ereignet, selbst dann, wenn das Objekt, auf das sich das Erleben bezieht, etwas vordergründig Profanes ist. Religion ist somit das, was dem individuellen Erleben erst die entsprechende Tiefe gibt.

Beide Modelle bieten die Möglichkeit, eine Vielzahl von Phänomenen als religiös anzusehen. Die Massenmedien, die Wissenschaft, Action und Konsum, Nationalismus, Marxismus, Sport, Körperkult, Fußball, Liebe, (Rock-)Musik, Theater, das Auto, der Lottogewinn, die Psychotherapie, alles kann unter dem Blickwinkel des Religiösen betrachtet werden.[135] Beide Modelle eignen sich also nicht, um Religiöses von Profanem abzugrenzen. Sie können dies nicht leisten, weil sie davon ausgehen, dass eine solche Trennung nicht möglich ist. Es ist bei der Verwendung dieser beiden Modelle von vornherein davon auszugehen, dass man fündig wird, wenn man sie benutzt, um Alltagsphänomene auf ihren religiösen Gehalt hin zu untersuchen. Die Frage dieser Arbeit kann daher fortan auch nicht sein, ob die Psy-Trance-Bewegung religiös ist, sondern welche Spuren von Religion oder Religiösem man unter Beachtung der zugrundeliegenden Begriffe finden kann und wie diese zu einer hedonistischen Lebenseinstellung im Verhältnis stehen.

---

[135] Vgl. Heiner Barz: Religion ohne Institution? a.a.O. S. 129-138

Bei dieser Methode läuft man unter Umständen Gefahr, Personen zu vereinnahmen, die sich strikt dagegen wehren würden, sich mit dem Prädikat religiös versehen zu lassen.[136] Die Frage, wie sich die Bewegung selbst sieht, sollte daher zumindest gestellt werden. Bei der Betrachtung des Atheisten ist dies offensichtlich, aber selbst Menschen, die an Gott bzw. an eine höhere Macht glauben und daher als religiös im engeren Sinne gelten könnten, scheuen sich häufig davor, sich als religiös zu bezeichnen. Bevor ich das Kapitel über das, was Religion in dieser Arbeit sein soll, abschließe, sind daher ein paar weitere Begriffsdefinitionen notwendig.

### 4.5 Religion, Religiosität, Spiritualität, Mystik

Mit den Religionsbegriffen von Tillich und Kaufmann haben wir uns für eine sehr weite Definition dessen entschieden, was Religion sein kann. Gollwitzer merkt dazu weiter an, dass im alltäglichen Sprachgebrauch, ähnlich wie im Verhältnis der Worte >>Revolution<< und >>revolutionär<< der Fall, dem Adjektiv religiös oft eine weiterreichende Bedeutung zukommt als dem Substantiv Religion[137], was jedoch selbst in der Theologie nicht immer so war.

„Während bis in die Gegenwart hinein in der Theologie Religion im Anschluss an Thomas von Aquin vorrangig als ‚Hinordnung (des Menschen) auf Gott' verstanden wurde und somit eine Verhaltensweise zum Ausdruck brachte, hat sich von der neuzeitlichen Philosophie her eine deutliche Begriffsverschiebung in Richtung auf einen System- und Organisationsbegriff vollzogen."[138]

Da es sich bei der Psy-Trance-Bewegung jedoch keinesfalls um eine religöse Organisation im traditionellen Sinne handeln kann, soll auch in dieser Arbeit fortan von dem Begriff Religion Abstand genommen werden. Wie bereits erwähnt kann die Frage nicht lauten *„Ist die Psy-Trance-Bewegung eine Religion?"*, sondern vielmehr *„Welche religiösen Aspekte lassen sich hier finden?"*. Fortan soll daher anstatt des Wortes Religion, das Adjektiv religiös, bzw. die Substantive Religiosität

---

[136] Vgl. Buchner, Anton: "Nicht einmal Gott kann sich leisten, altmodisch zu sein". Jugend und Religion in empirisch-individualpsychologischer Sicht, in: Jahrbuch der Religionspädagogik, Bd. 10, Neukirchen 1993, S35.

[137] Vgl. Helmut Gollwitzer: Was ist Religion? S. 14-15.

[138] Hans Waldenfels: Rückkehr der Religion. Eine Einführung, in: Ders.(Hg.): Religion. Entstehung – Funktion – Wesen, Freiburg 2003, S. 12.

und Religiöses verwendet werden. Diese Begriffe sollen dann für das gelten, was sich mit Kaufmann und Tillich einschließen lässt, in dem Wissen, dass auch diesen Begriffen damit eine andere Bedeutung zukommt, als dies in der Alltagssprache in der Regel der Fall ist.

In Zeiten, in denen dem religiösen Fundamentalismus eine verhältnismäßig hohe öffentliche Beachtung geschenkt wird, ist die Bezeichnung Religiosität sehr eng mit den Begriffen Dogma, Regeln, und der klaren Zugehörigkeit zu einer religiösen Institution verbunden. Wenn in Deutschland Menschen danach befragt werden, ob sie sich als religiös definieren, macht die Mehrheit ihre Antwort von dieser Frage abhängig. Mit der Nähe zur Institution Kirche nimmt die Tendenz zu, sich als religiös zu definieren. Kirchenferne dagegen tendieren dazu, sich nicht als religiös zu bezeichnen, unabhängig von ihrer privaten Haltung zu religiösen Fragen.[139] An die Stelle des Begriffs Religiosität sind daher oft auch die Begriffe „Spiritualität" und „Mystik" getreten, um religiöse Handlungen und Einstellungen jenseits fester Organisationsstrukturen zu beschreiben.[140] Beide Begriffe tauchen oft auch im Zusammenhang mit Psy-Trance auf. Wenngleich diese Begriffe als sehr vage gelten[141], sollen sie doch an dieser Stelle kurz erläutert werden.

### 4.5.1 Religiosität und Spiritualität

Während vor wenigen Jahrzehnten eine Trennung zwischen den Begriffen Spiritualität und Religiosität wenig Sinn gemacht hätte, kommt ihnen heute doch in vielen Definitionsversuchen unterschiedliche Bedeutung zu.[142] Zunächst kann mit dem Begriff Spiritualität vieles gemeint sein. Er kann sowohl auf einen Menschen angewendet werden, der seine Religiosität durch die Zugehörigkeit zu einer Glaubensgemeinschaft wie der Kirche ausdrückt, als auch auf jemanden, der keiner religiösen Gemeinschaft angehört, aber an Gott oder eine „Höhere

---

[139] Vgl. Karl Gabriel: (Post-) Moderne Religiosität zwischen Säkularisierung, Individualisierung und Deprivatisierung. a.a.O., S. 119.
[140] Vgl. Hans Waldenfels: Rückkehr der Religion. a.a.O., S. 13.
[141] Ebd.
[142] Vgl. Michele Dillon; Paul Wink: Religiousness and Spirituality. Trajectories and Vital Involvement in Late Adulthood, in: Dillon, Michele: Handbook of the Sociology of Religion. Cambridge 2003, S. 179.

Macht" glaubt. Auch ein New Age Anhänger, der sich Elemente aus mehreren religiösen Traditionen borgt, oder ein Mensch, der nach mystischen Erfahrungen sucht, können als spirituell bezeichnet werden.[143]

### 4.5.2 „Bewohnen" versus „Suchen"

Ein sehr schlüssiges Konzept unterscheidet zwischen zwei Arten von Spiritualität, von denen die eine auch als Religiosität in Abgrenzung zur Spiritualität gesehen werden kann. Die erste Art, die mit „(Be)wohnen" („dwelling") übersetzt werden kann, beschreibt einen Menschen, der sich durch seinen Glauben und aufgrund seiner Zugehörigkeit zu einer religiösen Gemeinschaft wie in einem Haus geborgen und sicher fühlt. „To dwell is to inhabit a sacred space, to feel at home and secure in its symbolic universe."[144] Die zweite Art, das „Suchen" ("seeking") dagegen beschreibt einen Menschen, der auf der Suche nach (spirituellen) Erfahrungen ist. Er ist offen für Neues und eine Vielzahl von Möglichkeiten. Während „Bewohnen" einen geerdeten, festen, und durch klare Grenzen bestimmten Zustand beschreibt, steht „Suchen" für Bewegung, Flexibilität und Ausdehnung.[145] Letztere Haltung wird oft als Spiritualität in Abgrenzung zu Religiosität bezeichnet. Spiritualität beschreibt somit eine Lebensführung, die in gewisser Weise „religiös" ist, gleichzeitig aber Wert darauf legt, von festgefügten, traditionellen Glaubensinhalten und Dogmen unabhängig zu sein.[146]

In diesem Modell steht Religiosität für den Hausbewohner, während Spiritualität den Sucher, den Wanderer repräsentiert. Die beiden Begriffe sind jedoch nicht als zwei sich ausschließende Gegensätze zu sehen, sondern vielmehr als zwei Extreme - zwei Pole, die in gegenseitiger dialektischer Beziehung stehen.[147] So tendiert ein religöser, bzw. spiritueller Mensch je nach Veranlagung, Sozialisation oder Lebenslage mehr in die eine oder in die andere Richtung.

---

[143] Vgl. Michele Dillon; Paul Wink: Religiousness and Spirituality. a.a.O., S. 180.
[144] Wade Clark Roof: Religion and Spirituality. Toward an Integrated Analysis, in: Dillon, Michele: Handbook of the Sociology of Religion. Cambridge 2003, S. 138.
[145] Ebd.
[146] Vgl. Michele Dillon; Paul Wink: Religiousness and Spirituality. a.a.O., S. 180.
[147] Vgl. Wade Clark Roof: Religion and Spirituality. a.a.O., S. 138.

Der Hinweis auf diese Unterscheidung erhält dadurch Bedeutung, dass sich viele Menschen, beispielsweise aus der New Age Bewegung, bewusst von dem Begriff der Religiosität abgrenzen und es stattdessen vorziehen, sich als spirituell zu bezeichnen. Dieser Abgrenzung liegt jedoch ein relativ enger Religionsbegriff zugrunde. Mit Tillichs Religionsverständnis, welches dieser Arbeit zugrunde liegt, lässt sich das Konzept von *„Suchen"* durchaus vereinen. Man könnte sogar so weit gehen zu behaupten, dass ohne den Aspekt von *„Suchen"* Religiosität im Sinne von Tillich gar nicht möglich ist. So soll hier festgehalten werden, dass ein spiritueller Mensch in unserem Fall durchaus als religiös bezeichnet werden kann. Auch das Modell von Kaufmann scheint beide Bereiche abzudecken, wenngleich es, da es sich durch seinen funktionalen Charakter stark an Sicherheitsbedürfnissen orientiert, dazu tendiert, Religiosität eher unter dem Aspekt von *„Bewohnen"* zu betrachten.

### 4.5.3 Religiosität und Mystik

Ähnlich wie mit dem Begriff der Spiritualität verhält es sich mit der Mystik, einem Begriff, der in der Psy-Trance-Bewegung des Öfteren direkt oder indirekt vorkommt. Auch dieser Begriff ist nicht klar bestimmt und wird häufig sehr vage verwendet. Der Duden bezeichnet die Mystik als eine „besondere Form der Religiosität, bei der der Mensch durch Hingabe und Versenkung zu persönlicher Vereinigung mit Gott zu gelangen sucht."[148] Da es in allen Religionen Strömungen dieser Art gegeben hat und gibt, konnte sich die Religionswisschaft auch hier nicht auf eine einheitliche Definition einigen.[149] Einzige Gemeinsamkeit dieser Bewegungen scheint jedoch das Ziel zu sein: „das Erreichen des letzten Grundes des Seins und, wenn möglich, das Verschmelzen mit dem göttlichen Prinzip, das „Entwerden", wie es die mittelalterlichen deutschen Gottsucher nannten."[150] Auch hier ist also ein deutlicher Schwerpunkt auf dem Prinzip des *„Suchens"*. Eng verwandt ist der Begriff auch mit dem des Mysteriums. Die Erfahrung des Heiligen wird bei

---

[148] Duden Fremdwörterbuch. Mannheim 1990.
[149] Vgl. Annemarie Schimmel: Wie universal ist die Mystik? Die Seelenreise in den großen Religionen der Welt, Freiburg im Breisgau 1996, S.11.
[150] Ebd.

Rudolf Otto auch als „mysterium tremendum et fascinosum" genannt.[151] Hiermit ist die unmittelbare Gotteserfahrung gemeint, die Tillichs Erfahrung des Unmittelbaren zugrunde liegt und von ihm auf so genannte scheinbar profane Ereignisse ausgeweitet wurde.

Für diese Arbeit gilt für den Begriff der Mystik das gleiche wie für den der Spiritualität. Er wird als ein religiöses Phänomen betrachtet, das sich durch seine charakteristische Form des *„Suchens"* von anderen religiösen Phänomenen unterscheidet, die eher im Bereich von *„Bewohnen"* angesiedelt sind. Zu erwähnen ist noch, dass auch hier dem Adjektiv „mystisch" alltagssprachlich eine viel weitere Bedeutung zukommt. Es umschreibt unter anderem alles, was „geheimnisvoll" und „dunkel" ist und sich dadurch dem Verstand entzieht.[152]

## 4.6 Zusammenfassung

Mit den beiden Modellen von Kaufmann und Tillich wurden zwei Werkzeuge vorgestellt, die es ermöglichen sollen, nach religiösen Aspekten in der Psy-Trance-Bewegung zu suchen. Beide Modelle beschreiben auf ihre Art, was als religiös gelten kann, das eine aus funktionaler soziologischer, das andere aus substantieller, theologischer Sicht. Mit den Begriffen Spiritualität und Mystik im Gegensatz zu einer dogmatischen religiösen Lebensführung wurde gleichzeitig ein Modell eingeführt, das eine Polarisierung von Religiosität ermöglicht, wovon der eine Pol als *„Bewohnen"* und der andere als *„Suchen"* bezeichnet wurde. Es wurde darauf verwiesen, dass keiner der beiden Pole in Abgrenzung zu Religiosität gesehen werden soll. Der Begriff der Religiosität soll beide Extreme umschließen. Dennoch ermöglicht diese Betrachtungsweise eine differenziertere Beobachtung religiöser Phänomene. Als besonders hilfreich erweist sich dies, wenn es darum geht, Religiosität in der modernen westlichen Welt zu beschreiben, zu der auch die Psy-Trance-Bewegung gehört. Das nächste Kapitel soll sich mit diesem spezifischen Thema auseinander setzen.

---

[151] Vgl. Hans Röder: Heilige – profane Wirklichkeit bei Paul Tillich. a.a.O., S. 22.
[152] Vgl. Duden Fremdwörterbuch. Mannheim 1990.

# 5 Religion und Moderne

Um ein modernes Phänomen wie die Psy-Trance-Bewegung auf ihre religiösen Dimensionen hin zu untersuchen, ist es nicht nur notwendig, die Begrifflichkeiten von dem, was religiös bedeuten soll, zu bestimmen. Es ist zudem wichtig, die Situation der Religion in der modernen Gesellschaft zu betrachten, den historischen Wandel, den sie durchlaufen hat. Wie sieht die Religiosität moderner Menschen aus und welche Rolle spielen hierbei religiöse Institutionen? Eine Antwort auf diese Frage, kann Hinweise darauf geben, ob man die Psy-Trance-Bewegung als eine solche Institution bezeichnen kann. Was beispielsweise bei der Vorstellung des Modells von Kaufmann bereits gestreift wurde, nämlich die Tatsache, dass in unserer Gesellschaft religiöse Funktionen von mehreren Institutionen übernommen werden, soll hier nochmals etwas genauer betrachtet werden. Weiter soll gezeigt werden, welche Auswirkungen die Tatsache, dass wir in einer Erlebnisgesellschaft leben, auf die Religiosität der Individuen und auf religiöse Institutionen hat.

## 5.1 Religiosität, Säkularisierung und Privatisierung religiöser Phänomene

In unserer modernen Gesellschaft ist Religiosität nicht mehr auf eine Institution wie die Kirche beschränkt.[153] Das Individuum ist selbst aufgefordert, zwischen einer Vielzahl von Glaubensinhalten zu wählen. Kaufmann spricht von einer „Individualisierung des Glaubens" aufgrund einer „gesteigerten Komplexität der sozialen Verhältnisse".[154] Besonders deutlich wird dies, wie bereits erwähnt, am Beispiel der New Age Bewegung.[155] Religiosität ist zur Privatsache geworden. Säkularisierung, so verstanden, bedeutet nicht eine Abnahme des Religiösen an sich, sondern eine Verschiebung des Religiösen in den Privatbereich. Dies hat zur Folge, dass das Individuum viele Entscheidungen bezüglich seiner Religiosität selbst treffen kann und muss. Man kann auch von einer Machtverschiebung weg von den Institutionen, hin zum Indi-

---

[153] Vgl. Kap. 4.3 Die „funktionale Mehrdimensionalität von Religion" nach Kaufmann
[154] Franz-Xaver Kaufmann: Gesellschaft - Kirche. In: Eicher, Peter (Hg.): Neues Handbuch theologischer Grundbegriffe, Bd.2, München 1991, S. 218.
[155] Vgl. Kap. 4.6 Religion, Religiosität, Spiritualität, Mystik

viduum sprechen.[156] So begreift auch Luhmann Säkularisierung als "die *gesellschaftsstrukturelle* Relevanz der *Privatisierung* religiösen Entscheidens."[157] Er betont hierbei ausdrücklich, dass dies weder einen Funktionsverlust noch einen Bedeutungsverlust von Religiosität zur Folge haben muss. Nicht die Individuen der modernen Gesellschaft sind areligiös geworden, sondern lediglich Institutionen, die sich aus dem traditionellen christlichen Kontext herausgelöst haben und nur noch den eigenen Gesetzmäßigkeiten gehorchen. [158]

## 5.2 Religiöse Erfahrung in der Erlebnisgesellschaft

Religiosität bzw. religiöses Erleben nimmt aufgrund dieser Entwicklung neue und teilweise sehr vielfältige Formen an. „Das einst von einem Monopolanbieter beherrschte religiöse Feld wandelt sich hin zu einer Struktur, in der sich die Einzelnen ihre Religion selbst zusammenbasteln."[159] Es wird aufgegriffen, was sinnvoll erscheint, anderes wiederum verworfen, und so entstehen viele individuelle religiöse Flickenteppiche.[160] Die Qualität des Religiösen wird dadurch nicht nur „persönlich-subjektiv", sondern auch zunehmend „erlebnis- und erfahrungsbezogen."[161]

Diese Aussage stellt eine interessante Verbindung zum Phänomen der Erlebnisgesellschaft her, und auch Tilllich wird hier wieder aktuell, wenn Kaufmann sagt: „[...]glaubwürdig ist, was ergreift: Die liebende Zuwendung eines Menschen, ein Schriftwort, eine kultische Gemeinschaftserfahrung, ein Mysterium, ein Gedicht oder die Stille eines Gotteshauses oder der Natur,[...]"[162] Nicht von festen Institutionen vorgegebene Inhalte entscheiden darüber, was geglaubt und praktiziert wird, sondern das was ergreift (Paul Tillich), bzw. ‚inneres Erleben'(Gerhard Schulze).

---

[156] Vgl. Karl Gabriel: (Post-) Moderne Religiosität zwischen Säkularisierung, Individualisierung und Deprivatisierung. a.a.O., S. 119.
[157] Niklas Luhmann: Funktion der Religion. Frankfurt am Main 1982, S. 223.
[158] Vgl. Thomas Luckmann: Religion in der modernen Gesellschaft. In: Wössner, Jakobus (Hg.): Religion im Umbruch. Soziologische Beiträge zur Situation von Religion und Kirche in der gegenwärtigen Gesellschaft, Stuttgart 1972, S. 3-15.
[159] Karl Gabriel: (Post-) Moderne Religiosität zwischen Säkularisierung, Individualisierung und Deprivatisierung. a.a.O., S. 119.
[160] Ebd.
[161] Vgl. Karl Gabriel: (Post-) Moderne Religiosität zwischen Säkularisierung, Individualisierung und Deprivatisierung. a.a.O., S. 121.
[162] Franz-Xaver Kaufmann: Gesellschaft – Kirche. a.a.O., S. 219.

Kaufmann bezeichnet diese Erfahrungen auch als „exemplarische Er-
fahrungshorizonte des Religiösen"[163]

### 5.2.1 Religiosität und Erlebnisgesellschaft am Beispiel des christlichen Gottesdienstes

Der Pastor Hartmut Becks analysiert den christlichen Gottesdienst unter dem Aspekt der kultursoziologischen Theorie Schulzes. Für ihn ist
auch der Gottesdienst zu einem „Erlebnisprojekt" geworden. Er sieht
diesen als eines von vielen weiteren Angeboten auf dem „Erlebnismarkt
in der Waren- und Freizeitgesellschaft". Auch der Gang zur Kirche ist
laut Becks weitgehend durch „Erlebnisrationalität" bestimmt.[164] Becks
ist jedoch weit davon entfernt, diese Motivation zu verurteilen. Vielmehr
betrachtet er sie als Folge eines sozialen Wandels. In den Knappheitsgesellschaften war und ist auch religiöses Handeln vorwiegend auf die
Erfüllung der Grundbedürfnisse ausgerichtet. „Der Glaube ist auf den
Mangel gerichtet und hofft und bittet um Erfüllung. Armut und materielle
Not ist ein zentrales Thema der Religion in Knappheitsgesellschaften."[165] Während der Gottesdienstbesuch früher durch Normen von außen wie beispielsweise religiöse Sozialisation geprägt war, handelt es
sich heute um eine bewusste Entscheidung, die immer wieder neu ge-
troffen werden muss. Nur wenige gehen heute noch aus Pflichtgefühl in
die Kirche.

„Wie sich die Koordinaten der Existenz durch ‚Innenorientierung' verändern, so verändern sich auch die Koordinaten des religiösen Empfin-
dens. Religiosität und theologische Sinnfragen verlieren keineswegs an
Bedeutung, verändern aber ihre Ausrichtung, ihre ‚Fragehorizonte' und
wenden sich vom Pflichtethos und traditioneller Gebundenheit hin zu
Wählbarkeit und religiöser Erlebnisrationalität."[166]

Diese Ausführungen machen deutlich, wie eng Religiosität und Erlebnisrationalität sich in der modernen Gesellschaft durchdringen. Dies
trifft nicht nur auf die New Age Bewegung oder quasi-religiöse Bewegungen zu, sondern auch innerhalb der traditionellen Institutionen hat
sich religiöses Erleben grundlegend verändert.

---

[163] Ebd.
[164] Vgl. Hartmut Becks: Der Gottesdienst in der Erlebnisgesellschaft. a.a.O., S.16.
[165] Hartmut Becks: Der Gottesdienst in der Erlebnisgesellschaft. a.a.O., S. 52.
[166] Ebd.

## 5.3 Zusammenfassung

Aus den vorangegangenen Ausführungen lassen sich zusammenfassend folgende Aussagen ableiten.

1. Religiöse Funktionen werden auch von Institutionen übernommen, die oft keinen direkten Bezug zur Religion haben. Je mehr dieser Funktionen eine Institution übernimmt, umso eher kann sie als religiös bezeichnet werden. (vgl. Kaufmann)

2. Es ist eine Verschiebung des Religiösen von den Institutionen ins Private zu beobachten.

3. Religiöse Glaubensinhalte und Handlungen werden von den Individuen aus mehreren Einzelfragmenten selbst zusammengebastelt.

4. Dies geschieht auf der Grundlage von persönlichen Erfahrungen und Erlebnissen.

5. Religiosität drückt sich durch persönliches Erleben aus, welches Tillich als die Erfahrung des Unbedingten bezeichnet. Diese Erfahrung kann auch in scheinbar profanen Situationen gemacht werden.

Diese fünf Aussagen sollen nun als Richtlinien dienen, wenn ich mich im nächsten Kapitel dem Phänomen Psy-Trance und seinen religiösen Dimensionen nähere.

## 6 Psy-Trance - religiöse Dimensionen einer hedonistischen Bewegung

Es soll noch einmal betont werden, dass es auf den folgenden Seiten nicht darum geht, die Psy-Trance-Bewegung als religiös, bzw. areligiös zu bezeichnen. Man kann davon ausgehen, dass religiöse Elemente zwangsläufig vorhanden sind. Dies ergibt sich automatisch aus dem weiten Religionsbegriff, den wir für diese Arbeit verwenden. Es geht vielmehr darum, die vorhandenen religiösen Aspekte ausfindig zu machen und zu benennen. Dies soll auf drei Ebenen geschehen. Die erste Ebene, die ich als *Erlebnisebene* bezeichnen möchte, soll Psy-Trance auf religiöse Erlebnisse im Sinne Tillichs Religionsphilosophie des Unbedingten hin untersuchen. Auf der zweiten Ebene, der *funktionalen Ebene*, gehe ich der Frage nach, welche religiösen Funktionen im Sinne Kaufmanns die Psy-Trance-Bewegung für ihre Mitglieder übernimmt. Zuletzt soll dann noch auf einer dritten Ebene untersucht werden, welche konkreten Symbole und Rituale sich auffinden lassen, die mit religiösen Handlungen im traditionellen Sinne vergleichbar sind. Diese soll als *Symbolebene* bezeichnet werden.

### 6.1 Religiöse Dimensionen auf Erlebnisebenen von Psy-Trance

An dieser Stelle will ich zunächst noch einmal an die Aussagen Tillichs erinnern: *Religiös ist das, was einen Menschen unbedingt angeht.*[167] Religiosität äußert sich in vollkommenem Ergriffensein. Um zu beschreiben, wie sich Ergriffensein in unserem Fall äußern kann, wollen wir drei Elemente des Psy-Trance betrachten: Musik, Tanz, Ekstase.

### 6.1.1 Die religiöse Dimension der Musik

Betrachtet man die populäre Musik im Allgemeinen, ist es nicht schwer, auf der Inhaltsebene religiöse Elemente zu finden. Zahlreiche Texte in der Rock- und Popmusik beschäftigen sich direkt oder indirekt mit religiösen Themen.[168] Dies zeigt zunächst, dass auch die populäre Musik religiöse Dimensionen haben kann. Im Falle der elektronischen Musik der 90er ist ein solcher Zugang jedoch nicht möglich, da keine Lyrik vorhanden ist. Technomusik ist in der Regel textfrei. Wo doch gelegent-

---

[167] Vgl. Kap. 4.4 Paul Tillichs Religionsphilosophie des Unbedingten
[168] vgl. Bernd Schwarze: „Everybody's Got a Hungry Heart...", a.a.O., S. 195 ff.

lich einzelne Textphrasen vorkommen, dienen diese selten der Über-
mittlung einer Botschaft, die über den Verstand zu verstehen ist. Der
Zugang zur Musik geschieht ausschließlich über Emotionen. „Als text-
freie Musik, die ideologische Deutungsmuster verneint, bestimmt sie die
inhaltlichen Felder und das Lebensgefühl der RaverInnen[169] mit emotio-
nalen Signalen."[170] Ziel der Musik ist es, den Zuhörer in einen anderen
außeralltäglichen Zustand zu versetzen.

Nicht die mit Worten vermittelte Botschaft soll hier auf ihren religiösen
Inhalt untersucht werden, sondern das Musikerlebnis. Auch Ralph
Sauer widmet sich diesem Aspekt und bezieht sich hierbei auf den reli-
giösen Ursprung der Musik im Allgemeinen.

„Besinnt man sich auf den kultischen Ursprung der Musik, der erst seit
der Neuzeit aus unserem Bewusstsein geschwunden ist, dann braucht
es uns nicht zu verwundern, wenn das Musikerlebnis junger Menschen
heute quasireligiöse Züge[171] trägt."[172]

Hierbei verweist er auch auf die „kultischen Züge"[173], die große
Musikfestivals aufweisen, die Vorgänger der Raves der 90er Jahre.

## 6.1.2 Die Bedeutung des Tanzes

„Mit einer befreienden Drehung wirfst du dich an den Anfang. Dann,
ganz unten, beginnt es erneut. Es baut dich auf, in gleichgetakteten
Etappen. In den Spitzen deiner Fußzehen beginnt Erregung. Abwech-
selnd stampfen deine Beine bei jeder dickbauchigen Wallung des Bas-
ses. Dann tänzeln sie schneller – leichtfüßig, im Einklang deiner Puls-
frequenz. Die Erregung zieht sich entlang der Beinvenen zum Herzen.
Sinnesrauschen wird in alle Zweige deiner Wahrnehmung gepumpt.
Deine Arme malen Melodien. Deine Schultern zucken. Dein Bewusstsein bläht sich. Der Kopf schiebt sich vor und zurück. Wie sättigendes
Fruchtwasser bettet dich die Akustik und wie ein Kind strampelst du
glücklich in Gedankenlosigkeit. Kein Zweifel, keine Müdigkeit, kein
Hunger und auch kein Verlangen. Perfektion, solange dieser Rhythmus
atmet. Perfektion, solange dieser Augenblick währt. Klangwellen tragen
dich wie Fahrwasser – und deine Seele taucht in singende See."[174]

---

[169] TeilnehmerInnen einer (großen) Techno-Veranstaltung.
[170] Gabriela Muri: Aufbruch ins Wunderland? Ethnographische Recherchen in Züricher
Technoszenen 1988-1998, Zürich 1999, S. 84.
[171] Vgl. Kap. 4.4.1 Quasi-Religionen, Pseudo-Religionen und Ersatzreligionen
[172] Ralph Sauer: Mystik des Alltags. Jugendliche Lebenswelt und Glaube, Freiburg im
Breisgau 1990, S. 83.
[173] Ebd.
[174] Gedicht eines Psy-Trance-Fans, In: mushroom magazin #111, sept 04.

Was die Psy-Trance-Musik von der Rock- und Popmusik unterscheidet, ist unter anderem der Schwerpunkt, der auf dem Tanzerlebnis liegt. Auch in der Rockmusik spielt der Tanz eine wichtige Rolle, aber Psy-Trance-Musik ist ohne Tanz nicht vorstellbar. Musik und Tanz als gemeinsames Erlebnis stehen im Vordergrund. Auf Psy-Trance-Partys, wie auf Techno-Partys allgemein, dient das Tanzen in der Regel nicht der Kontaktaufnahme zu potentiellen Partnern, wie dies in vielen Discos der Fall ist. „Anmachen mit dem Ziel sexueller Beziehungen" findet wesentlich seltener und meist subtiler statt.[175] Ziel ist vielmehr die gemeinsame Reise. In der Szene wird oft vom Gefühl des „Abfahrens" gesprochen. Die Musik ist das Transportmittel, „der fliegende Teppich, die Welle, die alle mitnimmt, die mitwollen auf die Reise ins Wunderland"[176] Dieses „Abfahren" kann einerseits auf einer sozialen Ebene betrachtet werden, da es sich um ein gemeinschaftliches Ereignis handelt, eine Erfahrung, die mit anderen geteilt wird. Hierauf soll an späterer Stelle eingegangen werden. Zunächst will ich versuchen, das Phänomen auf einer individuellen Ebene zu untersuchen. Was bedeutet „Abfahren" für den Einzelnen, wie wird es beschrieben und inwiefern ergreift es im Sinne Tillichs? Was genau ist diese Ekstase, die sich beim Tanzen zu Trance-Musik einstellt?

### 6.1.3 Trance und Ekstase

Trance und Ekstase sind die beiden Begriffe, die verwendet werden, um den Zustand zu beschreiben, in den sich die Tänzer auf Techno-Partys versetzten. Beide werden in einigen Arbeiten verwendet, ohne dass diese genau beschrieben oder voneinander abgegrenzt werden. Eine genaue Definition stellt sich in der Tat als äußerst schwierig dar. Zunächst beschreiben sowohl der Begriff der Trance als auch der der Ekstase veränderte Bewusstseinszustände jenseits des Alltagsbewusstseins. Selbst in der Ethnologie werden beide Begriffe meist synonym verwendet.[177] Der Musikethnologe Gilbert Rouget unterscheidet zwar sehr genau zwei unterschiedliche Zustände, von denen er den

---

[175] Vgl. Gabriela Muri: Aufbruch ins Wunderland? a.a.O., S. 137.
[176] Reiner Steffen: Das Rave-Phänomen. In Anz, Phillip; Walder, Patrik (Hg.): Techno. Zürich 1995, S. 176.
[177] Vgl. Gilbert Rouget: La musique et la transe. Esquisse d'une théorie générale des relations de la musique et de la possession. Paris 1980, S. 26.

einen Trance und den anderen Ekstase nennt.[178] Er kommt dann aber zu dem Schluss, dass beide Zustände als zwei Pole eines Erlebnisses angesehen werden können, die fließend ineinander übergehen, und dass es oft sehr schwer ist festzustellen, in welchem der beiden Zustände sich das erlebende Individuum gerade befindet.[179] Es scheint daher auch für diese Arbeit nicht von größerer Bedeutung zu sein, die beiden Begriffe scharf voneinander abzugrenzen. Im Folgenden werden beide Begriffe verwendet werden, je nachdem auf welche Quelle ich mich stütze.

Als Tatsache gilt vielmehr festzuhalten, dass veränderte Wachbewusstseinszustände auf Technopartys auftreten, die als Trance oder als Ekstase bezeichnet werden können.[180] Die Bezeichnung Trance für die dieser Arbeit zugrunde liegende Stilrichtung sowie der Name Ecstasy für die Technodroge Nummer eins, machen diese Verbindung ebenfalls deutlich. Eine klinische Beschreibung mag diesen Zustand veranschaulichen:

„Es kommt zu einer primärprozessartigen Veränderung des Denkens mit subjektiven Konzentrationsstörungen oder dem Gefühl, klarer und schneller als sonst zu denken. Widersprüche können konfliktfrei nebeneinander stehen bleiben. Es tritt ein Gefühl der Zeitlosigkeit ein, einer punktuellen Gegenwart oder Vergangenheit und Zukunft. Es kommt zu einer Selbstverfremdung, einem Gefühl des Verlustes der Selbstkontrolle, welches mit intensiven positiven oder negativen Emotionen einhergeht. Die Stimmung fluktuiert stark und ist durch Ambivalenzen gekennzeichnet. Das Körperschema ist verändert, einschließlich subjektiver Levitationsphänomene und Gefühlen der Körperlosigkeit. Es kommt zu einer Auflösung der Subjekt-Objekt-Schranke und damit zu einer Einswerdung des Ichs mit der Umwelt. Weitere Veränderungen der Wahrnehmung im Sinne von halluzinatorischen Phänomenen treten fast ausschließlich im optischen Bereich auf. Schließlich umfasst der Extrempol von außergewöhnlichen Bewusstseinszuständen ein verändertes Erleben der Bedeutung von Gegenständen der Umgebung. Sie

---

[178] Rouget beschreibt Ekstase als einen Zustand der Unbeweglichkeit, der Ruhe und der Zurückgezogenheit. Trance (franz. Transe) dagegen verbindet er mit Bewegung, Lärm und einem Gefühl von Gemeinschaft. (Vlg. Rouget, S. 36)
[179] Vgl. Gilbert Rouget: La musique et la transe. a.a.O., S. 36.
[180] Vgl. Ferdinand Mitterlehner: Let's fly together! Zur Untersuchung veränderter Bewusstseinszustände während einer Techno-Party, in: Rösing, Helmut (Hg.): Mainstream - Underground - Avantgarde. Rockmusik und Publikumsverhalten, Hamburg 1996, S. 27.

erscheinen fremdartig gefühls- und bedeutungsträchtiger als sonst, was mit überwältigenden ‚Aha'- und Evidenzerlebnissen einhergeht."[181]

Bei Interviews im Techno-Milieu gaben 57 % aller Befragten an, Trance-Erlebnisse, wie sie oben beschrieben wurden, gehabt zu haben. Dagegen gab lediglich ein Drittel an, den Zustand der Trance nicht zu kennen.[182] Für ungefähr die Hälfte der befragten Techno-Fans ist das Erleben veränderter Bewusstseinszustände ein wichtiger Grund, die Partys zu besuchen.[183] Wenngleich die Studie aufgrund der geringen Stichprobe nicht als repräsentativ anzusehen ist[184], scheint sie doch zu zeigen, dass das Erleben von Trance oder Ekstase einen hohen Stellenwert einnimmt. Auch bei einer Befragung innerhalb der Berliner Club-Szenen gaben die Befragten an, in euphorische Stimmungslagen zu geraten und tranceartig-rauschhafte Zustände zu erleben, welche ihnen außerhalb von Technoclub-Partys bzw. zu anderer Musik nur selten oder nie zugänglich waren.[185] Es liegt nahe, dass dies ganz besonders für die Psy-Trance-Szene zutrifft. Wie zu Beginn erwähnt, ist die Musik des Trance speziell dafür entwickelt, den Zuhörer oder den Tänzer in einen schwebenden Zustand zu versetzen. [186]

## 6.1.4 Entstehung der Trance

Verstärkt wird die Möglichkeit, sich in Trance zu tanzen, durch den stereotypen Tanzstil, dadurch, dass die Tänzer stundenlang ohne Pause tanzen, sowie Lichteffekte, die eine optische Orientierung nahezu unmöglich machen. Weiter nennt Mitterlehner Schlafentzug Dehydration und Schwitzen als tranceinduzierend. Zusätzlich wird Trance durch ein immer höher werdendes Tempo, allmähliche Erhöhung der Lautstärke

---

[181] Adolf Dittrich: Ätiologie-unabhängige Strukturen veränderter Wachbewusstseinszustände. Ergebnisse empirischer Untersuchung über Halluzinogene I. und II. Ordnung, sensorische Deprivation, hypnagoge Zustände, hypnotische Verfahren sowie Reizüberflutung, Stuttgart 1985, zitiert nach: Ferdinand Mitterlehner: Let's fly together! a.a.O., S. 25.

[182] Vgl. Ferdinand Mitterlehner: Let's fly together! a.a.O., S. 27.

[183] Vgl. Ferdinand Mitterlehner: Let's fly together! a.a.O., S. 30.

[184] Bei der Zielgruppe handelte es sich um 21 Jugendliche (11 männlich, 10 weiblich) im Durchschnittsalter von 23 Jahren. Ein Kriterium war, dass diese regelmäßig und seit mindestens 6 Monaten Techno-Partys besuchten.

[185] Vgl. Julia Werner: Die Club-Party. Eine Ethnographie der Berliner Techno-Szene, in: Hitzler, Ronald; Pfadenhauer, Michaela (Hg.): Techno-Soziologie. Erkundung einer Jugendkultur, Opladen 2001, S. 36.

[186] Vgl. Kap. 2.1.1 Trance

und „polyrhythmische Verschiebungen" gefördert. Als polyrhythmische Verschiebung bezeichnet man eine Verschiebung des Einsatzes der Bassdrum. Der Schlag, der auf die eins folgt, ist leicht verschoben, und der Zuhörer bzw. der Tänzer bekommt den Rhythmus so „in den Rücken geschoben", was sich mit traditionellen afrikanischen Rhythmen vergleichen lässt.[187] Sehr ekstatisch wird auch „ein intensiver neuer Einsatz der Musik nach einer abrupten Pause" erlebt.[188] Dies ist ein typisches Merkmal der Psy-Trance-Musik, bei der oft  nach einer längeren Phase langsamer, sphärischer und  beatloser Musik plötzlich und sich langsam steigernd der Rhythmusbeat wieder einsetzt. Diese Momente werden von vielen Tanzenden als besonders intensiv und häufig sehr euphorisch erlebt.

### 6.1.5 Trance, Ekstase und religiöse Erlebnisse

Die Verbindung der Trance und der Ekstase, wie sie die Psy-Trance-Tänzer erleben, zu traditionellen, religiösen Trance-Tänzen beispielsweise in Afrika ist naheliegend. Wie bereits erwähnt, werden oft auch Stilmittel aus traditionellen ethnischen Musikkulturen integriert, die häufig religiösen und kultischen Charakter haben.[189] Hier geht es jedoch zunächst allein um die Intensität, mit der diese veränderten Bewusstseinszustände erlebt werden. Die Beschreibung Dittrichs macht deutlich, wie sehr eine Person, welche die Trance erlebt, von dieser ergriffen ist. Hans Cousto, dessen Buch über Drogen und Techno sich größtenteils auf eigene Erfahrungen beruft, ist von der besonderen Erlebnisintensität von Techno und deren Nähe zur religiösen Erfahrung überzeugt:

„Wer gewillt und fähig ist, sich den Rhythmen und Schwingungen von Techno hinzugeben, dem bereitet Techno den Weg in völlig neue, den allermeisten Zeitgenossen bisher unbekannte Erlebnisdimensionen, die von zahlreichen Technoliebhabern durchaus mit religiösen Erfahrungen verglichen werden."[190]

---

[187] Vgl. Ferdinand Mitterlehner: Let's fly together! a.a.O., S. 25.
[188] Ebd.
[189] Vgl. Kap. 2.1.3 Goa
[190] Hans Cousto: Vom Urkult zur Kultur. Drogen und Techno, Solothurn 1995, S. 41.

Einen Widerspruch zwischen Spaß und religiöser Erfahrung gibt es seiner Meinung nach nicht. Das Hauptmotiv, eine Technoveranstaltung zu besuchen, ist es, Spaß zu haben, welcher unter anderem durch die ekstatische Erfahrung zustandekommt. Die religiöse Erfahrung ereignet sich nicht neben dem Spaß, sie selbst ist der eigentliche, „spaßbringende" Faktor.[191] Entscheidend ist hierbei, wenn man sich an Tillich hält, nicht, ob dieser vom erlebenden Subjekt als eine religiöse Erfahrung gedeutet wird, sondern ausschließlich die Tatsache, dass die Person von dem Erlebnis unmittelbar ergriffen ist. Erfahrungsberichte wie den folgenden gibt es in der empirischen sozialwissenschaftlichen Literatur einige:

„'Ja, dieses Musik-Kompletterleben. [...] Also du kommst rein, was ist hier eigentlich los? [...] Dann, dieses Ganzkörpergefühl, Musik, die Wahnsinns-Bässe, alles. Du warst halt komplett weg und hast dann nur noch getanzt und alles andere vergessen.' (Kerstin)"[192]

Man kann den Zustand der Trance und der Ekstase, wie er auf Psy-Trance-Events und auf anderen Technoveranstaltungen erlebt wird, somit durchaus als etwas Unbedingtes im Sinne Tillichs bezeichnen. Die Tatsache, dass das Eintreten in die Trance eines der Hauptmotive für den Besuch einer Party ist, unterstützt diese Schlussfolgerung. Ebenfalls die Tatsache, dass die Erfahrungen immer wieder als etwas so Außerordentliches beschrieben werden, dass sie mit nichts anderem verglichen werden können.

## 6.2 Religiöse Dimensionen auf der funktionalen Ebene von Psy-Trance

Im vorangegangenen Kapitel wurden die zentralen Elemente Musik, Tanz und Ekstase auf der Erlebnisebene untersucht und beschrieben und mit religiösem Erleben in Beziehung gesetzt. Im folgenden Kapitel soll nun untersucht werden, ob die Psy-Trance-Bewegung auch auf der funktionalen Ebene in einem religiösen Kontext gesehen werden kann. Die zentrale Frage der Arbeit, ob eine hedonistische Bewegung religiös sein kann, stellt sich hier erneut. Kann eine Gruppe, für die Spaß

---

[191] Vgl. Hans Cousto: Vom Urkult zur Kultur. Drogen und Techno, Solothurn 1995, S. 44.
[192] Julia Werner: Die Club-Party. a.a.O., S. 42.

(„Fun") das entscheidende, verbindende Element ist, Funktionen wie Identitätsstiftung, Handlungsführung, Kontingenzbewältigung, Sozialintegration, Kosmisierung und Weltdistanzierung übernehmen?

Zunächst soll daran erinnert werden, dass Kaufmann selbst betont, dass es heute keine Instanz mehr gibt, die all diese sechs Funktionen in „für die Mehrzahl der Zeitgenossen plausibler Weise zugleich" erfüllen kann.[193] Es empfiehlt sich daher, zunächst die einzelnen Funktionen getrennt zu untersuchen und auf die Psy-Trance-Bewegung anzuwenden.

### 6.2.1 Identitätsstiftung

Kaufmann geht auf den Begriff der Identität bei seiner Beschreibung der Leistungen von Religion nicht näher ein. Auch dieser Begriff befindet sich, ebenso wie der der Religiosität in einem beständigen Wandel und kann hier nicht in der Ausführlichkeit behandelt werden, die ihm eigentlich zustünde. Nach Erikson kann unter Identität der „komplexe Prozess der Selbstverortung von Menschen in ihrer sozialen Welt"[194] verstanden werden. Verortung des Individuums in der Welt und in der Gesellschaft findet in der Psy-Trance-Bewegung dadurch statt, dass sich die Mitglieder mit der Szene und der Musik identifizieren und sich gleichzeitig von anderen Jugend- und Alltagskulturen abgrenzen. Auf das starke Gefühl der „Familienzugehörigkeit", das für Goa spezifisch ist, wurde bereits bei der Beschreibung der Szene eingegangen.[195]

Neben der Identifikation mit einer Gruppe ist Abgrenzung nach außen ein entscheidendes Merkmal von Identität. Schulze bezeichnet diese Abgrenzung als Distinktion. Diese wird beispielsweise durch eine bestimmte Frisur, die Kleidung oder einen bevorzugten Musikstil deutlich gemacht.[196] Distinktion lässt sich auf Psy-Trance-Partys zunächst an der spezifischen Mode beobachten.[197] Nach außen gibt sich die Psy-Trance-Szene relativ offen, was unter anderem dadurch deutlich wird,

---

[193] Vgl. Franz-Xaver Kaufmann: Religion und Modernität. a.a.O., S. 86.
[194] Heiner Keupp: Identitiätskonstruktionen. Das Patchwork der Identität in der Spätmoderne, Hamburg 2002, S. 26.
[195] Vgl. Kap. 2.1.3 Goa
[196] Vgl. Gerhard Schulze: Die Erlebnis-Gesellschaft. a.a.O., S. 108.
[197] Vgl. Kap. 2.3.7 Goa-Trance-Mode

dass es zwar eine spezifische Psy-Trance-Mode gibt, in den Clubs jedoch auch zahlreiche Menschen in diverser Alltagskleidung anzutreffen sind. Dies lässt sich dadurch erklären, dass Offenheit und Toleranz zentrale Werte der Bewegung sind. Trotz der relativen Offenheit, die innerhalb der Szene existiert, lassen sich dennoch klare Abgrenzungen nach außen beobachten. So distanzieren sich alle befragten Clubgänger in Berlin eindeutig vom so genannten „mainstream" der elektronischen Musik als auch von der Disco-Kultur.[198] Weiter lehnen die meisten Club-Besucher der Berliner Psy-Trance-Szene die großen Goa-Partys ab.[199] Innerhalb der Szene existieren auch spezifische Normen und Verhaltensweisen, die eine wichtige Orientierung bieten. Hierbei zeigt sich immer wieder, dass die Toleranz eines gemischten Publikums dann an ihre Grenzen gelangt, wenn Verstöße gegen die szenespezifischen Verhaltensweisen beobachtet werden.

### 6.2.2 Handlungsführung

Offenheit und Toleranz gelten als wichtige Werte innerhalb der Technoszenen im Allgemeinen. Dies trifft ebenfalls für die Psy-Trance-Bewegung zu. Grundsätzlich geht es darum, gemeinsam Spaß zu haben, und jeder darf teilnehmen. Dennoch gibt es grundlegende Verhaltensregeln, die nicht gebrochen werden dürfen. Diese lassen sich zusammenfassen unter: „Keine Aggressivität, sondern freundlicher Umgang miteinander, kein Anmachen sondern ungezwungenes Kennenlernen von anderen Menschen."[200] So ist beispielsweise ein übermäßiger Alkoholkonsum verpönt und stark angetrunkene Besucher bekommen unter Umständen keinen Einlass zu den Partys.[201] Weiter stößt auch das offensichtliche „Anmachen" weiblicher Partybesucher grundsätzlich auf Ablehnung und wird mit sozialem Ausschluss sanktioniert.[202] So kann man den zentralen Werten der Bewegung durchaus die Funktion der Handlungsführung zusprechen.

---

[198] Vgl. Julia Werner: Die Club-Party. a.a.O., S. 47.
[199] Vgl. Interview mit DJ Gandalf, Kap. 2.2.2 Die Berliner Clubszene
[200] Julia Werner: Die Club-Party. a.a.O., S. 44.
[201] Ebd.
[202] Vgl. Julia Werner: Die Club-Party. a.a.O., S. 45.

Betritt man einen Club wie das „Ministerium für Entspannung" in Berlin, fällt sehr schnell auf, dass hier andere Regeln gelten als auf den meisten anderen Musik- und Tanzveranstaltungen. Am Eingang wird man betont freundlich begrüßt und ebenso freundlich wieder verabschiedet. Auch im weiteren Verlauf der Party fällt auf, dass hier viel Wert auf Offenheit und einen respektvollen Umgang gelegt wird. Freundliche Blicke werden sehr häufig ausgetauscht, und auch als teilnehmender Beobachter ohne Ambitionen auf Kontakte wird man relativ schnell in kurze Gespräche verwickelt. Es scheint, als ob hier auf der Handlungsebene bewusst eine andere Welt geschaffen wird. Inwiefern diese Verhaltensweisen auch als Handlungsführung in Alltagssituationen, jenseits der Party, verstanden werden können, kann hier nicht geklärt werden.

Neben den Normen und Werten muss an dieser Stelle auch auf den rituellen Charakter der Partys verwiesen werden. „Wie auch bei Rockkonzerten oder Kirchbesuchen wird hier ein rituelles Element erlebt. Hier treffen Menschen an einem Ort zusammen, die ähnlich denken und fühlen."[203] Auch dieses rituelle Element beruht auf den drei Ausdrucksformen Musik, Tanz und Ekstase, die den Ablauf einer Clubnacht bestimmen. Die Club-Partys laufen meist nach einem ähnlichen Muster ab, welches den Teilnehmern vertraut ist. Der Abend beginnt mit einer Aufwärmphase, die nach und nach von einer zweiten Phase abgelöst wird, in der sehr intensiv und ekstatisch getanzt wird. Die Intensität der Party klingt dann in den Morgenstunden langsam ab und geht in eine „Chill-Out-Phase" über, in der man langsam wieder zur Ruhe kommt.[204]

### 6.2.3 Kontingenzbewältigung

Mit Kontingenzbewältigung ist der sinnvolle Umgang mit schwierigen Lebenssituationen und Schicksalsschlägen gemeint. Laut Kaufmann wird auch diese Funktion heute durch eine ganze Reihe von Institutionen übernommen. So dienen neben der Kirche beispielsweise die Psychotherapie ebenso wie die sozialen Sicherungssysteme dazu, das In-

---

[203] Oliver Dumke: Techno als säkulare Liturgie. Anmerkungen zu Form und Funktion von Gottesdienst und Technoevent, in: Hitzler, Ronald; Pfadenhauer, Michaela (Hrsg.): Techno-Soziologie. Erkundung einer Jugendkultur, Opladen 2001, S. 75.
[204] Vgl. Kap. 2.2.1 Der Club als lokaler Treffpunkt

dividuum in schwierigen Zeiten zu unterstützen. Inwieweit eine Gemeinschaft wie die Psy-Trance-Bewegung für die Erfüllung dieser Funktion geeignet ist, scheint sich nur schwer klären zu lassen. Wahrscheinlich hängt dies sehr stark vom Einzelfall ab. Auf jeden Fall kann der Besuch von Psy-Trance-Partys ein Mittel sein, „belastende Alltags- und Stresssituationen bei der Bewältigung von Entwicklungsaufgaben besser aushalten zu können."[205] So kann Kontingenz mitunter dadurch bewältigt werden, dass der Psy-Trance-Anhänger durch die Teilnahme ein Gefühl von Identität entwickelt und auch auf der Handlungsebene Orientierung erfährt. Auch soziale Integration ist für den Umgang mit schwierigen Lebenssituationen von großer Bedeutung.

### 6.2.4 Sozialintegration

Dass es bei Goa und Trance unter anderem um ein Gefühl der Zugehörigkeit und der Gemeinschaft geht, wurde bereits zu Beginn dieser Arbeit erwähnt. Die Werte „Love, Peace and Unity", die schon für die frühe Technobewegung zentral waren, werden in dieser Bewegung noch einmal besonders betont.[206] Es scheint, als ob man zwei Arten von Sozialintegration unterscheiden muss. Auf der einen Seite wird das gemeinsame Feiern und Tanzen als ein gemeinschaftliches Erlebnis wahrgenommen. Sobald man auf einer Party ist, gehört man quasi dazu. Diese erlebte Form von „Unity" wird von außen oft als wenig real wahrgenommen, da sie sich zeitlich auf das Erlebnis beschränkt und nicht zwangsläufig auf echten zwischenmenschlichen Beziehungen beruht. „Diese Gemeinschaft existiert sozusagen nur durch den und im Glauben an ihre Existenz."[207] Dennoch gilt es festzuhalten, dass es sich hierbei um ein teilweise besonders intensiv wahrgenommenes Gemeinschaftserlebnis handelt. Gerade die Tatsache, dass man auf den Partys mit fremden Menschen in Kontakt kommt und sowohl verbal als auch nonverbal miteinander kommuniziert, wird oft als besonders beeindruckend und als etwas ganz Besonderes wahrgenommen.[208]

---

[205] Hans Cousto: Vom Urkult zur Kultur. a.a.O., S. 43.
[206] Vgl. Kap. 2.1.3 Goa
[207] Ronald Hitzler: Erlebniswelt Techno. Aspekte einer Jugendkultur, in: Hitzler, Ronald; Pfadenhauer, Michaela (Hg.): Techno-Soziologie. Erkundung einer Jugendkultur, Opladen 2001, S. 11-30, S.19.
[208] Vgl. Julia Werner: Die Club-Party. a.a.O., S. 44.

Gerade auf den großen Goa-Partys scheint diese Form der zeitlich begrenzten und nur auf dem Erlebnis beruhenden Wahrnehmung von Sozialintegration vorherrschend zu sein. Der Teilnehmer fühlt sich als Teil einer großen Masse. Man ist anonym und gehört trotzdem dazu. Die Club-Nacht vermittelt daneben noch eine weitere Qualität. Hierbei handelt es sich um eine wesentlich institutionalisierte Form des Feierns. Die Veranstaltungen finden regelmäßig, wöchentlich oder einmal im Monat statt. Wichtig ist hier neben „Fun" auch die Vertrautheit mit der Situation.[209] Auch die Club-Nacht ist ohne das Tanzerlebnis nicht vorstellbar, aber daneben geht es hier auch darum, Freunde zu treffen und „abzuhängen". In Interviews wurde die Clubatmosphäre in Berlin als „gemütlich", „geborgen", „freundlich" und „höhlenartig" beschrieben.[210] Sehr wichtig sind hier die sogenannten Chill-Out Bereiche, wo der Besucher die Möglichkeit hat, sich zu setzen oder hinzulegen, um sich auszuruhen und mit anderen Gespräche zu führen. Gerade in der Clubszene zeigen sich auch deutlich ganz spezifische Normen und Regeln, die für die Teilnahme entscheidend sind.[211] So wird beispielsweise in der Psy-Trance-Szene besonders viel Wert auf ein friedfertiges Miteinander gelegt, was oft sehr offen mitgeteilt wird. Der freundliche Empfang am Eingang der Clubs wird als ein wichtiges „Lebensgefühl" wahrgenommen.[212] Neben dem subjektiv empfundenen Gemeinschaftserlebnis ist der Club also auch ein Ort, an dem reale Begegnungen stattfinden und sich Beziehungen entwickeln können.

Auch den Elementen Musik, Tanz und Ekstase kommt eine sozialintegrative Funktion zu. Die Musik ist das Medium, das alle Beteiligten miteinander verbindet. Auch der DJ und die Tanzenden treten über die Musik in Kommunikation.

„'Die Leute geben dir was, und du gibst den Leuten was. Das ist gegenseitig sehr schön. (...) Du bist einfach drin in der Sache. Du tanzt mit

---

[209] Vgl. Ronald Hitzler: Erlebniswelt Techno. a.a.O., S.13.
[210] Vgl. Julia Werner: Die Club-Party. a.a.O., S. 37.
[211] Vgl. Ronald Hitzler: Erlebniswelt Techno. a.a.O., S.19.
[212] Vgl. Julia Werner: Die Club-Party. a.a.O., S. 40.

den Leuten mit! Da entsteht auch was Gemeinsames mit den Leuten.'
(Jan, DJ)"[213]

Musik, Tanz und Ekstase lassen sich somit einerseits als ein sehr intensives individuelles Erlebnis und andererseits als kollektiver Akt beschreiben. Die Soziologin Gabriele Klein weist darauf hin, dass der Tanz für den Raver ein Kommunikationsmittel ist:

„Im Unterschied zur Disco-Szene dient die Tanzfläche in der Club- und Rave-Kultur aber nicht primär als Ort der Selbstinszenierung, [...]. Obwohl es selbstverständlich auch dies gibt, ist Tanzen für die Raver eher ein gewollter und gemeinsam gelebter kommunikativer Akt."[214]

Hierbei bezieht sie sich nicht nur auf die Aussagen von Club-Besuchern, sondern beschreibt auch die zu beobachtenden Tanzbewegungen als nach außen gerichtete Körpersprache. Weiter verweist sie auf die Ähnlichkeit der Bewegungen mit afrikanischen Tanztraditionen. Während die rhythmischen Bewegungen der Beine für Stabilität sorgen dienen Oberkörper und Arme der Kommunikation mit den anderen Tänzern und dem DJ.

„Zusammen mit dem Unendlichkeit suggerierenden repetitiven Charakter der Musik und den immer gleichen Raum-Patterns im Tanz fördert die dialogisch ausgerichtete Bewegungssprache im oberen Bereich des Körpers das Gefühl der Zusammengehörigkeit mit der Gemeinschaft der Raver und erzeugt ein soziales Ritual, das die Raver gern mit schamanischen Tänzen vergleichen."[215]

Auch das Erlebnis der Ekstase bzw. der Trance, dass nach Tillich als religiöse Erfahrung gedeutet werden kann, wird oft als kollektive Realität wahrgenommen. In diesem Fall verschwimmen die Grenzen zwischen dem Ich und den Anderen, und es kommt zu einem „Vorgang des Sich-ähnlich-Machens" bzw. der Angleichung.[216] Betrachtet man eine Psy-Trance-Party unter diesen Gesichtspunkten, kann man diese durchaus als eine „posttraditionale Form der Vergemeinschaftung"[217] bezeichnen. Folgende Aussage eines Techno-Fans macht die Bezie-

---

[213] Julia Werner: Die Club-Party. a.a.O., S. 36.
[214] Gabriele Klein: electronic vibration. Hamburg 1999, S. 173.
[215] Gabriele Klein: electronic vibration. a.a.O., S. 177.
[216] Vgl. Gabriele Klein: electronic vibration. a.a.O., S. 181.
[217] Ebd.

hung zwischen persönlich erlebter Trance und sozialer Interaktion besonders deutlich:

„Wenn du tanzt, dann bist du irgendwie so in Trance und schaust irgendwohin; meistens in die Ferne, aber nicht auf einen bestimmten Punkt. Was du aber wahrnimmst sind Bewegungen um dich herum. [...] Es ergeben sich Situationen, dass man plötzlich miteinander aufschaut und wieder zusammentrifft. Das sind meistens so die kurzen Blicke und dann ist man wieder in der eigenen Welt drin, weiß aber, dass der andere da ist."[218]

### 6.2.5 Kosmisierung

Die Funktion der Kosmisierung der Welt nimmt bei Kaufmann eine Sonderstellung ein. So benennt er diese Funktion auch als die „Begründung eines Deutungshorizonts aus einheitlichen Prinzipien"[219] und hinterfragt dabei, ob dies in modernen Gesellschaften überhaupt noch durch irgendeine Institution geleistet werden kann. Die Vielzahl von existierenden Wirklichkeiten und die damit verbundene Relativierung von Wahrheit scheinen die Übernahme einer solchen Funktion selbst durch eine „kirchlich verfasste Religion" beinahe unmöglich zu machen.[220] Kaufmann vermutet daher, dass diese Funktion durch andere, anonyme Stabilisierungsfunktionen ersetzt wurde, was bei einigen Individuen mit einem Gefühl der Irritation und des „Weltverlusts" einhergeht. Die „Aufwertung und Charismatisierung der Künste" in unserer Gesellschaft lässt sich möglicherweise hiermit erklären.[221]

Auch die Psy-Trance-Bewegung liefert ganz bestimmt keinen eindeutigen Deutungshorizont für ihre Teilnehmer. Untersucht man jedoch die Kunst und die Mode des Psy-Trance, so lassen sich doch Verbindungen zum Begriff der Kosmisierung herstellen. So kann man beispielsweise die Flyer mit ihren bunten, oft sehr geheimnisvollen Bildern als das Versprechen einer Welt jenseits des Alltäglichen deuten.[222] Die sehr aufwändige und oft nicht weniger mystische Dekoration der Partys[223] und die bunte Goa-Mode, die sich nicht selten an Fabelwelten

---

[218] Michael, zitiert nach: Gabriela Muri: Aufbruch ins Wunderland? a.a.O., S. 134.
[219] Franz-Xaver Kaufmann: Religion und Modernität. a.a.O., S. 85.
[220] Vgl. Franz-Xaver Kaufmann: Religion und Modernität. a.a.O., S. 87.
[221] Ebd.
[222] Vgl. Kap. 2.3.2 Flyer
[223] Vgl. Kap. 2.3.6 Die Deko

anlehnt[224], verstärken diesen Eindruck. Auch der Gebrauch halluzinogener Drogen wie das LSD oder die Magic Mushrooms, welcher für die User oft auch als bewusstseinserweiternd wahrgenommen wird, kann dieser Funktion zugeordnet werden.[225]

Der Begriff Bewusstseinserweiterung beinhaltet in sich, dass es Wirklichkeiten jenseits der alltäglichen gibt. Diese Wahrnehmung kann durchaus zu einer Kosmisierung der Welt führen und Gefühlen von Sinnlosigkeit und Chaos entgegenwirken. Der Gebrauch psychoaktiver Pilze, wie er in vielen traditionellen Religionen im rituellen Kontext stattfindet, lässt sich wohl eindeutig dieser Funktion zuordnen. Nicht selten beziehen sich auch Psy-Trance-Fans auf diese Traditionen, und auch die Kunst der Szene integriert traditionelle Pilzmotive aus schamanischen Kulturen. Natürlich muss an dieser Stelle darauf verwiesen werden, dass vor dem Gebrauch halluzinogener Drogen immer wieder gerade deswegen gewarnt wird, weil es durch die teilweise sehr wirklichkeitsfremden Erfahrungen zu starken Verwirrungszuständen kommen kann, die im schlimmsten Fall in einer dauerhaften Psychose enden können.[226] Gerade dem teilweise sehr unkontrollierten Gebrauch der Drogen auf den Partys darf man daher keinesfalls ausschließlich eine stabilisierende Funktion zuschreiben.

### 6.2.6 Weltdistanzierung

Es wird oft darauf verwiesen, dass Techno im Gegensatz zu vielen früheren Jugendbewegungen keine (wirklichen) politischen Motive besitzt. Ganz anders als beispielsweise die aus der 68er Bewegung entstandenen Jugendkulturen wollen die Technoanhänger die Welt nicht verändern und auch nicht auf vorhandene Missstände hinweisen. Auch der Psy-Trance-Bewegung geht es in erster Linie ums ‚gut drauf sein' und ums ‚abfeiern'. Dieser bereits mehrfach genannte „Fun-Aspekt" der Bewegung trägt ihr oft den Vorwurf der Oberflächlichkeit ein, und eine zentrale Frage dieser Arbeit ist es, ob sich „Spaß-Orientierung" und Religiosität nicht zwangsläufig widersprechen. Es zeigt sich jedoch auch

---

[224] Vgl. Kap. 2.3.7 Goa-Trance-Mode
[225] Vgl. Kap. 2.3.8 Drogen
[226] Vgl. Bernhard van Treeck: Partydrogen. a.a.O., S. 226.

aus funktionaler Sicht, dass gerade dieser Aspekt auf ein Bedürfnis nach Weltdistanzierung hinweist.

„Die General-Attitüde moralisch-betroffener Empörung über etwelche Welt-Zustände wird hier konterkariert durch die Grundsatzhaltung, sich durch die Zustände der Welt nicht auch noch das eigene Leben nehmen, sprich den Spaß an der Party vermiesen zu lassen."[227]

Neben dem „Fun"-Erlebnis als Ausgleich zur Alltagswelt, kann man auch die im Kapitel Kosmisierung beschriebenen mystischen Parallelwelten der Funktion der Weltdistanzierung zuordnen. Weiter schafft auch der Drogengebrauch, oft als Weltflucht bezeichnet, eine kurzfristige Distanz zum Alltag.

„Gelingt es den Jugendlichen zum Beispiel nicht, sich in konstruktiver Weise vom Elternhaus zu lösen, kann ersatzweise das nicht eingelöste Bedürfnis nach Unabhängigkeit und Freiheit durch übermäßiges Besuchen von Partys und Drogengebrauch kompensiert werden."[228]

Betrachtet man also die Psy-Trance-Bewegung mithilfe des Modells von Kaufmann, lassen sich zahlreiche Elemente einer der sechs Funktionen zuordnen. In vielen Fällen lässt sich dies durchaus kritisch betrachten. So ist beispielsweise die Frage nicht endgültig geklärt, wie gut die einzelnen Mitglieder wirklich in die Szene integriert sind oder wie diese wirklich im Alltag trägt. Weiter scheint es sich hierbei, wie bei den meisten Szenen üblich, um keine Dauerinstitution zu handeln, sondern vielmehr um eine Gruppe, der man sich eine gewisse Zeit lang zuordnet. Man kann natürlich auch hinterfragen, ob „Feiern bis zum Umfallen" und Drogenkonsum wirklich die besten Mittel sind, um vorübergehend eine gesunde Distanz zum Alltag herzustellen. Abgesehen davon lässt sich aber durchaus zeigen, dass Psy-Trance für viele Jugendliche zumindest für einen gewissen Zeitraum das Mittel der Wahl ist, um mit den von Kaufmann beschriebenen Problemen umzugehen.

---

[227] Ronald Hitzler: Erlebniswelt Techno. a.a.O., S.24.
[228] Hans Cousto: Vom Urkult zur Kultur. Drogen und Techno, Solothurn 1995, S. 44.

### 6.3 Religiöse Dimensionen auf der symbolischen Ebene von Psy-Trance

Bisher haben ich die Psy-Trance-Bewegung ausschließlich auf der Erlebnisebene und auf der funktionalen Ebene auf religiöse Elemente hin untersucht. Dabei hat sich gezeigt, dass sich mit den Werkzeugen, die Tillich und Kaufmann liefern, eine ganze Reihe von Beobachtungen machen lassen, die eine Betrachtung von Psy-Trance unter religiösen Gesichtspunkten rechtfertigen. Nimmt man an einer Psy-Trance-Veranstaltung teil, lassen sich einige weitere Elemente beobachten, die eine Zuordnung zum Religiösen wesentlich offensichtlicher erscheinen lassen. Ein Vergleich mit afrikanischen Tanzritualen liegt beispielsweise zunächst sehr nahe, und auf die Ähnlichkeiten wird auch in einigen Arbeiten hingewiesen.[229]

Hierbei handelt es sich jedoch zunächst um äußere Beobachtungen, aus denen sich keine weiteren Erkenntnisse ableiten lassen. Der theoretische Hintergrund dieser Arbeit liefert auch nicht die nötigen Mittel, um einen solchen Vergleich wissenschaftlich zu vertiefen. Die zu beobachtenden Ähnlichkeiten von Psy-Trance-Partys mit religiösen Veranstaltungen sollen daher im Folgenden nur kurz gestreift werden.

### 6.3.1 Religiöse Symbole

Auffallend ist die Häufigkeit religiöser Symbole, die sich bei der Betrachtung der Psy-Trance-Kunst, auf Flyern, bei der Deko und der Mode finden lassen. Wie bereits erwähnt, werden beispielsweise häufig Symbole aus der indisch-hinduistischen Religion eingebaut. Gottheiten wie Shiva, Visnu und Ganesh sind fester Bestandteil der Psy-Kunst. Oft lehnt sich die Kunst auch an Symbole der schamanischen Kulturen Nord-, Mittel- und Südamerikas an. Die Darstellung der Magic Mushroom erinnert beispielsweise sehr an die Kunst religiöser mexikanischer Stammeskulturen. Auffallend ist weiter das häufige Vorkommen von Worten wie spirit, spiritual, oder mystic bei der Benennung von Partys und Festivals.[230] Goa-Festivals mit dem Namen ‚Shiva-Moon' und ‚Indian-Spirit' zeigen weitere Verbindungen zu nicht christlichen Religi-

---

[229] Vgl. Kap. 6.1.2 Die Bedeutung des Tanzes
[230] Vgl. Kap. 4.6 Religion, Religiosität, Spiritualität, Mystik

onsformen auf. Weltraumdarstellungen, Fabelwesen und Fraktale stellen zwar keinen direkten Bezug zu Religion dar, verweisen aber dennoch auf Welten jenseits des Alltäglichen, denen zumindest quasi-religiöse Eigenschaften zugeschrieben werden können.

Auf fast jeder Psy-Trance- oder Goa-Party lassen sich religiöse Symbole dieser Art finden. Es lässt sich hier nicht klären, welche Bedeutung diese Symbole für die Teilnehmer haben und ob sie von diesen überhaupt als religiöse Symbole bewusst wahrgenommen werden.

### 6.3.2 Religiöse Verhaltensmuster (Rituale)

An anderer Stelle wurde bereits auf den rituellen Charakter der Psy-Trance-Partys verwiesen.[231] Hier lassen sich auch Vergleiche mit kirchlichen Veranstaltungen ziehen. Das Tragen besonderer Kleidung und das gemeinsame Zelebrieren eines Rituals sind zwei Aspekte, die als Gemeinsamkeiten genannt werden können.[232] Oliver Dumke stellt genau diesen Vergleich zwischen Techno-Events und dem christlichen Gottesdienst und sieht in dem sinnlichen Charakter des ekstatischen Tanzes eine Gegenbewegung zur Nüchternheit einer protestantischen Liturgie, der das lebensbejahende Element verloren gegangen ist.[233] Auch Cousto betrachtet Techno als religiöse Alternative zum Gottesdienst. „Wem die heutige Kirche zu rational geworden ist, der kann im Techno-Tanztempel mystische, visionäre und ekstatische Erfahrungen mit anderen Menschen sammeln."[234]

Vergleiche mit anderen religiösen Ritualen gibt es einige. Häufig wird hier auch auf die besondere Rolle des DJ[235] und dessen Beziehung zu den Tanzenden verwiesen. Dieser wird mal als Schamane oder Priester[236], mal als Zeremonienmeister[237] beschrieben. Ein Artikel der

---

[231] Vgl. Kap. 6.2.2 Handlungsführung
[232] Vgl. Hans Cousto: Vom Urkult zur Kultur. a.a.O, S. 42.
[233] Vgl. Oliver Dumke: Techno als säkulare Liturgie. a.a.O., S. 79.
[234] Hans Cousto: Vom Urkult zur Kultur. a.a.O., S. 42.
[235] Vgl. auch Kap. 2.3.1 Die Rolle des DJ's
[236] Vgl. Jürgen Kaesler: Techno und Religion. a.a.O., S.90 ff.
[237] Vgl. Hans Cousto: Vom Urkult zur Kultur. a.a.O., S. 42.

szenenahen Zeitschrift Ethnogene Blätter versucht einen Vergleich zwischen Goa und einem indianischen Kreisritual herzustellen:

„Wenn man aber die Location mit dem Tipi, die Bühne mit dem Altar, den DJ mit dem Roandman, das Acid [LSD] mit den Peyotebuttons[238] und den Goasound mit den Peyote-Liedern gleichsetzt und bedenkt, dass tatsächlich viele der Goa-Heads Paraphernalia, wie Trommeln, Rasseln und dergleichen bei sich tragen, hinkt der Vergleich gar nicht so sehr."[239]

Auch der Gebrauch psychotroper Stimulanzien[240], wie er in vielen religiösen Ritualen üblich ist, wird als Vergleich hinzugezogen und darauf verwiesen, dass viele der User sich an den „Vorbildern der archaischen Ethnien" orientieren.[241] Dies sind nur einige der Verbindungen, die sich bei einer Bertachtung des Phänomens Psy-Trance auf der Ebene der Symbole aufzeigen lassen. Es soll betont werden, dass es sich hierbei nur um Ähnlichkeiten handeln kann. Der Hauptunterschied, der sich zu eindeutig religiösen Ritualen nennen lässt, ist der, dass die Psy-Trance-Party zwar einen rituellen Charakter aufweist und eine Vielzahl religiöser Symbole verwendet werden. Die Veranstaltungen sind aber nicht eindeutig auf ein religiöses Ziel hin ausgerichtet.

---

[238] In Scheiben geschnittenen Kakteen, mit halluzinogener Wirkung, deren Gebrauch bei dem entsprechenden Kreisritual üblich ist.
[239] Markus Berger: Entheogene Rituale und psychedelische Ekstase. Vom Schamanenrhythmus zum Goasound. In: Entheogene Blättern, Ausgabe 20, Januar /04, Berlin 2004, S.48
[240] Vgl. Kap. 2.3.8 Drogen
[241] Vgl. Markus Berger: Entheogene Rituale und psychedelische Ekstase. a.a.O., S. 48

# 7 Fazit

Was ist Religion? Wozu dient Religion und welche Funktion übernimmt sie in unserer durch Erlebnisrationalität geprägten, säkularen Gesellschaft. Dies sind zentrale Fragen, die in dieser Arbeit gestellt und am Beispiel der Psy-Trance-Szene in einem praktischen Kontext untersucht wurden. Da ein absoluter und alles umfassender Religionsbegriff nicht gebildet werden kann, wurde Paul Tillichs Philosophie des Unbedingten und Kaufmanns Modell der funktionalen Mehrdimensionalität von Religion zu einem operativen Begriff zusammengefasst. Beide Modelle verweisen darauf, dass Religion in unserer Gesellschaft auch jenseits traditionell religiöser Institutionen stattfindet und einige säkulare Institutionen das Prädikat religiös, bzw. quasi-religiös, verdienen. Beide Modelle gehen davon aus, dass es den religionslosen Menschen, bzw. die religionslose Gesellschaft nicht geben kann. Daher konnte bereits zu Beginn der Untersuchung davon ausgegangen werden, dass sich religiöse Elemente innerhalb der Psy-Trance-Bewegung finden lassen. Für beide Untersuchungsinstrumente ist es zunächst auch nicht von größerer Bedeutung, ob die Teilnehmer sich selbst oder ihre Bewegung als religiös bezeichnen würden.

Erfahrungsberichte und Untersuchungen haben bereits gezeigt, dass die zentralen Elemente „Musik, Tanz und Ekstase" bei einem Großteil der Teilnehmer auf der Erlebnisebene einen sehr starken Eindruck hinterlassen. Das Erleben dieser Tanz-Ekstase steht zweifelsohne im Mittelpunkt einer Psy-Trance-Party. Die Erfahrung der Trance ist für viele Psy-Trance-Fans das erklärte Ziel der Party und auch maßgeblich dafür verantwortlich, dass diese als Spaß bzw. „Fun" erlebt wird. Auf der Erlebnisebene können der Bewegung daher nach Tillich zumindest quasi-religiöse Züge zugeschrieben werden. Die Tatsache, dass inneres Erleben eng mit der Sinn-Frage verbunden ist (Kap. 3.1) und selbst der Gang zum Gottesdienst durch Erlebnisrationalität bestimmt ist (Kap. 5.2.1), hat zusätzlich gezeigt, dass zwischen Erlebnis, Spaß und Religiosität grundsätzlich kein Widerspruch bestehen muss.

Eine weitere Untersuchung der Szenen und ihrer Elemente mit Hilfe des Modells von Kaufmann hat zudem deutlich gemacht, dass sich ihr auch zentrale und wichtige Funktionen zuordnen lassen, welche traditionell von den religiösen Institutionen übernommen wurden. So hat die Teilnahme an der Szene identitätsstiftende Funktion und liefert gleichzeitig das Gefühl, Teil einer Gemeinschaft zu sein. Weiter ist vor allem der Club ein Ort, an dem soziale Interaktion geschieht und szenespezifische Werte auf der Handlungsebene gelebt werden. Durch seine dekorative Aufmachung bietet er eine Gegenwelt zum Alltag und ermöglicht somit eine vorübergehende Distanz zu den alltäglichen Problemen. Ein Umgang mit diesen kann dadurch möglicherweise erleichtert werden. Auch bei der Betrachtung dieser Funktionen spielen die Elemente Musik, Tanz und Ekstase und nicht zuletzt der gemeinsam erlebte Spaß eine entscheidende Rolle. Durch die Erfahrung des Tanzens als kollektives Tranceerlebnis entsteht ein starkes Gefühl von Gemeinschaft. Gleichzeitig hat dieses Erlebnis die Funktion, eine Unterbrechung vom Alltag zu ermöglichen und so eine vorübergehende Distanz zu schaffen, die notwendig sein kann, um  Alltagsprobleme zu bearbeiten. Die Szene kann unter dem Aspekt „Bewohnen"(Kap. 4.6.2) betrachtet werden, wenn man den Club als Rückzugsort und die Szene als Gemeinschaft und somit als eine Art Heimat versteht. Der Aspekt des „Suchens" ist dadurch vertreten, dass die Szene Handlungsführung bei der Suche nach einer neuen, eigenen Identität verspricht. Vor allem die Ekstase als innere Erfahrung kann auch als die Suche nach neuen Erlebnisebenen verstanden werden.

Diese Betrachtungsweise wirft natürlich einige Fragen auf, die sich vorwiegend aus der Weite des angewendeten Religionsbegriffs ergeben. So fehlt bei dem zugrunde liegenden Religionsbegriff jeglicher Bezug auf Gott oder religiöse Symbole und Handlungen. Zunächst macht diese Betrachtung jedoch deutlich, dass die Szene, der Club und vor allem auch die Party für die Teilnehmer eine Vielzahl wichtiger Funktionen übernimmt, die die traditionellen Institutionen wie die Kirchen scheinbar nicht zu leisten im Stande sind.

Der Intensität des Erlebnisses von Musik, Tanz und Ekstase, egal ob als religiöse Erfahrung oder einfach als Spaß gedeutet, kommt hierbei eine zentrale Rolle zu.

Sehr interessant ist zudem das Vorhandensein zahlreicher religiöser Symbole, vor allem aus nicht-christlichen Religionen. Gerade dadurch scheint sich die Psy-Trance-Szene von vielen anderen Jugendszenen zu unterscheiden. Die Vielzahl und das scheinbar willkürliche Nebeneinander dieser Symbole, spiegelt möglicherweise die Individualisierungs- und Pluralisierungstendenzen des Religiösen in unserer Gesellschaft wieder. (Kap. 5.1) Man kann nicht davon ausgehen, dass diese Symbole für alle die gleiche Bedeutung haben. Es gibt keine Untersuchungen darüber, ob diese Symbole von der Mehrzahl der Besucher überhaupt als religiös wahrgenommen werden. Auch was das Erleben der Trance bzw. der Ekstase angeht, scheint es zwar sicher, dass dieses als besonders *ergreifend* empfunden wird und für viele den eigentlichen Grund des Club-Besuchs darstellt. Wie viele diese Erfahrungen, wie beispielsweise Cousto behauptet, wirklich dem religiösen Bereich zuordnen (Kap. 6.1.5), kann nur eine eigens dafür erstellte Erhebung zeigen. Folgenden Fragen wären hierbei interessant. Wie viele Teilnehmer verstehen sich selbst als religiös, bzw. spirituell? Welche Bedeutung haben die religiösen Symbole für den Einzelnen? Werden diese mit Religion in Verbindung gebracht? Wird die Erfahrung der Ekstase als ein religiöses Erlebnis betrachtet?

Wie im Kapitel über Religion und Moderne (Kap. 5) erläutert, hat in unserer Gesellschaft eine Verschiebung religiöser Handlungen und religiösen Glaubens in den Privatbereich stattgefunden. Religiosität ist zu etwas geworden, was sich jeder Einzelne aus vielen einzelnen Fragmenten selbst zusammenbaut. Ob und wie dies in der Psy-Trance-Szene geschieht, konnte in dieser Arbeit nicht abschließend geklärt werden. Fest steht, dass für das Basteln eines religiösen Flickenteppichs (Kap. 5.2) auf jeden Fall ausreichend Symbole und Handlungsweisen vorhanden wären.

# 8 Literaturliste

| Autor / Hrsg. | Title, Ort, Jahr |
|---|---|
| Anz, Phillip/ Walder, Patrick (Hg.): | Techno. Zürich 1995 |
| Barz, Heiner: | Religion ohne Institution? Eine Bilanz der sozialwissenschaftlichen Jugendforschung, Opladen 1992 |
| Becks, Hartmut: | Der Gottesdienst in der Erlebnisgesellschaft. Zur Bedeutung der kultursoziologischen Untersuchung Gerhard Schulzes für Theorie und Praxis des Gottesdienstes, Spenner 1999 |
| Berger, Markus: | Entheogene Rituale und psychedelische Ekstase. Vom Schamanenrhythmus zum Goasound, in: Entheogene Blätter, Ausgabe 20, Januar/04, Berlin 2004 |
| Bubmann, Peter/ Tischler, Rolf (Hg.): | Pop & Religion. Auf dem Weg zu einer neuen Volksfrömmigkeit? Stuttgart 1992 |
| Buchner, Anton: | "Nicht einmal Gott kann sich leisten, altmodisch zu sein". Jugend und Religion in empirisch-individualpsychologischer Sicht, in: Jahrbuch der Religionspädagogik, Bd. 10, Neukirchen 1993 |
| Coers, Martin M.: | Friede, Freude, Eierkuchen. Die Technoszene, München 2000 |
| Cousto, Hans: | Vom Urkult zur Kultur. Drogen und Techno, Solothurn 1995 |
| Dessau, Bettina; Kanitscheider, Bernulf: | Von Lust und Freude. Gedanken zu einer hedonistischen Lebensorientierung, Frankfurt am Main 2000 |
| Dillon, Michele (Hg.): | Handbook of the Sociology of Religion. Cambridge 2003 |
| Dillon, Michele; Wink, Paul: | Religiousness and Spirituality. Trajectories and Vital Involvement in Late Adulthood, in: Dillon, Michele (Hg.): Handbook of the Sociology of Religion. Cambridge 2003 |
| Dumke, Oliver: | Techno als säkulare Liturgie. Anmerkungen zu Form und Funktion von Gottesdienst und Technoevent, in: Hitzler, Ronald; Pfadenhauer, Michaela (Hg.): Techno-Soziologie. Erkundung einer Jugendkultur, Opladen 2001 |
| Eicher, Peter (Hg.): | Neues Handbuch theologischer Grundbegriffe, Bd.2, München 1991 |
| Feige, Marcel: | Deep in Techno. Die ganze Geschichte des Movements, Berlin 2000 |
| Gabriel, Karl: | (Post-) Moderne Religiosität zwischen Säkularisierung, Individualisierung und Deprivatisierung. In: Waldenfels, Hans (Hg.): Religion. Entstehung - Funktion - Wesen, Freiburg 2003 |
| Gollwitzer, Helmut: | Was ist Religion? Fragen zwischen Theologie, Soziologie und Pädagogik, München 1980 |
| Hartmann, Hans Albrecht; Haubl, Rolf (Hg.): | Freizeit in der Erlebnisgesellschaft. Amüsement zwischen Selbstverwirklichung und Kommerz, Opladen 1996 |
| Hitzler, Ronald; Pfadenhauer, Michaela (Hg.): | Techno-Soziologie. Erkundung einer Jugendkultur, Opladen 2001 |

| | |
|---|---|
| Hitzler, Ronald: | Erlebniswelt Techno. Aspekte einer Jugendkultur, in: Hitzler, Ronald; Pfadenhauer, Michaela (Hg.): Techno-Soziologie. Erkundung einer Jugendkultur, Opladen 2001 |
| Kaesler, Jürgen: | Techno und Religion. Die elektronische Musik als Religion der Generation XTC, Hamburg 1999 |
| Kaufmann, Franz-Xafer: | Gesellschaft - Kirche. In: Eicher, Peter (Hg.): Neues Handbuch theologischer Grundbegriffe, Bd.2, München 1991 |
| Kaufmann, Franz-Xafer: | Religion und Modernität. Sozialwissenschaftliche Perspektiven, Tübingen 1989 |
| Keupp, Heiner: | Identitiätskonstruktionen. Das Patchwork der Identität in der Spätmoderne, Hamburg 2002 |
| Klein, Gabriele: | electronic vibration. Hamburg 1999 |
| Luckmann, Thomas: | Religion in der modernen Gesellschaft. In: Wössner, Jakobus (Hg.): Religion im Umbruch. Soziologische Beiträge zur Situation von Religion und Kirche in der gegenwärtigen Gesellschaft, Stuttgart 1972 |
| Luhmann Niklas: | Funktion der Religion, Frankfurt am Main 1982 |
| Meyer, Erik: | Die Techno-Szene. Ein jugendkulturelles Phänomen aus sozialwissenschaftlicher Perspektive, Opladen 2000 |
| Mitterlehner, Ferdinand: | Let's fly together! Zur Untersuchung veränderter Bewußtseinszustände während einer Techno-Party, in: Rösing, Helmut (Hg.): Mainstream - Underground - Avantgarde. Rockmusik und Publikumsverhalten, Hamburg 1996 |
| Muri, Gabriela: | Aufbruch ins Wunderland? Ethnographische Recherche in Züricher Technoszenen 1988-1998, Zürich 1999 |
| Reynolds, Simon: | Generation ecstasy. Into the world of techno and rave culture, Boston 1998 |
| Röder, Hans: | Heilige – profane Wirklichkeit bei Paul Tillich. Ein Beitrag zum Verständnis und zur Bewertung des Phänomens der Säkularisierung, Paderborn 1975 |
| Roof, Wade Clark : | Religion and Spirituality. Toward an Integrated Analysis, in: Dillon, Michele: Handbook of the Sociology of Religion. Cambridge 2003 |
| Rösing, Helmut (Hg.): | Mainstream - Underground - Avantgarde. Rockmusik und Publikumsverhalten, Hamburg 1996 |
| Rouget, Gilbert | La musique et la transe. Esquisse d'une théorie générale des relations de la musique et de la possession, Paris 1980 |
| Sauer, Ralph: | Mystik des Alltags. Jugendliche Lebenswelt und Glaube, Freiburg im Breisgau 1990 |
| Schaeppi, Werner: | Braucht das Leben einen Sinn? Empirische Untersuchung zur Natur, Funktion und Bedeutung subjektiver Sinntheorien, Zürich 2004 |
| Schäfer, Sven; Schäfers Jesper; Waltmann, Dirk (Hg.): | Techno-Lexikon. Berlin 1998 |

| | |
|---|---|
| Schäfers, Michael: | Jugend-Religion-Musik. Zur religiösen Dimension der Popularmusik und ihre Bedeutung für Jugendliche heute, Münster 1999 |
| Schimmel, Annemarie: | Wie universal ist die Mystik? Die Seelenreise in den großen Religionen der Welt, Freiburg im Breisgau 1996 |
| Schmid, Georg: | Interessant und heilig. Auf dem Weg zur integralen Religionswissenschaft, Zürich 1971 |
| Schroers, Artur | Zum Drogengebrauch im Techno-Party-Setting. Erkenntnisse der Drogenforschung und Ausblicke auf ein Drogeninformations- und Monitoring-Netzwerk, in: Hitzler, Ronald; Pfadenhauer, Michaela (Hg.): Techno-Soziologie. Erkundung einer Jugendkultur, Opladen 2001 |
| Schulze Gerhard: | Die Erlebnis-Gesellschaft. Kultursoziologie der Gegenwart, Frankfurt am Main 2000 |
| Schwarze, Bernd: | "Everybody's got a hungry heart...". Rockmusik und Theologie. In: Bubman, Peter: Pop&Religion. Auf dem Weg zu einer neuen Folksfrömmigkeit, Stuttgart 1992 |
| Thömmes, Arthur: | Love is the message. Techno - die neue Wochenendreligion der Jugend, in: Verband Katholischer Religionslehrer an Berufsbildenden Schulen (Hg.): Religionspädagogik an berufsbildenden Schulen, Jahrgang 1996, Heft 1, München 1996 |
| Tillich, Paul: | Die religiöse Substanz der Kultur. Schriften zur Theologie der Kultur, Gesammelte Werke, Bd. 9, Stuttgart 1967 |
| Tillich, Paul: | Die Frage nach dem Unbedingten. Schriften zur Religionsphilosophie, Gesammelte Werke, Bd. 5, Stuttgart 1964 |
| Treeck, Bernhard van: | Partydrogen. Alles Wissenswerte zu Ecstasy, Speed, LSD, Cannabis, Kokain, Pilzen und Lachgas, Berlin 1997 |
| Volkwein, Barbara: | What's Techno? Geschichte, Diskurse und musikalische Gestalt elektronischer Unterhaltungsmusik. Osnarbrück 2003 |
| Waldenfels, Hans (Hg.): | Religion. Entstehung - Funktion - Wesen, Freiburg 2003 |
| Waldenfels, Hans: | Rückkehr der Religion. Eine Einführung, in: Ders.(Hg.): Religion. Entstehung - Funktion - Wesen, Freiburg 2003 |
| Walder, Patrick; Amendt Günter: | Ecstasy & Co. Alles über Partydrogen, Hamburg 1997 |
| Werner, Julia: | Die Club-Party. Eine Ethnograpie der Berliner Techno-Szene, in: Hitzler, Ronald; Pfadenhauer, Michaela (Hg.): Techno-Soziologie. Erkundung einer Jugendkultur, Opladen 2001 |
| Wössner, Jakobus (Hg.): | Religion im Umbruch. Soziologische Beiträge zur Situation von Religion und Kirche in der gegenwärtigen Gesellschaft, Stuttgart 1972 |

**Fanzines:**

mushroom magazin, #111, sep 04

mushroom magazin, #113, nov 04

mushroom magazin, #114, dec 04/jan 05

mushroom magazin, #115, jan 05

mushroom magazin, #117, märz 05

mushroom magazin, #118, april 05

**Internetadressen:**

www.goa-trance.de

www.goatranceparty.com

www.psydreams.de

www.goalife.de

www.mushroom-media.com

# Wissenschaftlicher Buchverlag bietet

kostenfreie

# Publikation

von

# wissenschaftlichen Arbeiten

Diplomarbeiten, Magisterarbeiten, Master und Bachelor Theses
sowie Dissertationen, Habilitationen und wissenschaftliche Monographien

Sie verfügen über eine wissenschaftliche Abschlußarbeit zu aktuellen oder zeitlosen
Fragestellungen, die hohen inhaltlichen und formalen Ansprüchen genügt,
und haben **Interesse an einer honorarvergüteten Publikation**?

Dann senden Sie bitte erste Informationen über Ihre Arbeit per Email
an info@vdm-verlag.de. Unser Außenlektorat meldet sich umgehend bei Ihnen.

VDM Verlag Dr. Müller Aktiengesellschaft & Co. KG
Dudweiler Landstraße 125a
D - 66123 Saarbrücken

www.vdm-verlag.de